늘 괜찮다
말하는
당신에게

늘 괜찮다
말하는
당신에게

정여울 지음

민음사

아픔의 뿌리를 아는 순간,
치유는 시작된다

트라우마는 '뚫다.'라는 뜻의 그리스어에서 파생된 말이다. 전쟁터에서 방패를 뚫을 만큼 강력한 외부 자극이 만들어 낸 마음의 상처라는 뜻이다. 그렇듯 트라우마는 사람을 죽음에 이르게 할 만큼 슬프고 고통스러운 것이다.

— 정혜신, 진은영, 『천사들은 우리 옆집에 산다』에서

당신은 늘 밝은 표정을 지어 보이며 다 괜찮다고, 잘 지내고

있다고 말한다. 당신의 지치고 파리한 얼굴을 볼 때마다 잘 지내는 거냐고 물어보는 걱정스러운 시선 앞에서는, 더더욱 괜찮다고 말한다. 다 괜찮아질 거야, 이 시간도 결국 지나갈 거야. 하지만 우리는 애써 모른 척한다. 우리가 괜찮다, 힘들지 않다고 말할 때마다 우리 안의 무언가가 죽어 가고 있다는 것을. 우리가 괜찮다고 말할 때마다 우리 안의 어떤 것이 짓밟히고 있다. 시들어 간다. 그 무언가는 바로 우리 자신의 트라우마, 그림자, 그리고 상처를 치유할 수 있는 힘이기도 하다. 나는 우리가 애써 괜찮다고 이야기하는 동안 잃어버린 것들에 대해 쓰고 싶다. 우리가 다 괜찮다고 말하는 동안 놓쳐 버린 아픔들에 대해 쓰고 싶었다. 바쁘다는 이유로, 타인을 배려해야 한다는 이유로, 당신이 억압한 감정들이 언젠가 상처의 부메랑이 되어 우리를 더 아프게 찌르기 전에. 이 책은 늘 괜찮다고 말하며 자신의 아픔을 제대로 돌봐주지 못한 사람들에게 보내는 애틋한 공감의 편지다.

별 생각 없이 툭 던진 상대방의 말이 내 안의 깊은 트라우마를 불현듯 '쿡' 하고 찌를 때가 있다. 얼마 전 우리 엄마와 내 동생 상은이의 대화가 그랬다. "엄마는 왜 우리가 안 먹으면 안 먹는다고 뭐라 하고, 먹으면 먹는다고 뭐라 그래? 대체 우리가 어떻게 해야 엄마는 만족하겠어?" 동생에게 "잘 좀 먹고 다녀라."라고 잔소리하던 엄마는 막내의 갑작스러운 항변에 화들짝 놀랐지만 이내 평정심을 되찾았다. "얘는 무슨 말을 못 하게 해, 내가 뭘 그렇게 잘못했다고?" 엄마는 대수롭지 않게 넘어갔지만, 나는 동생의 마음에 드리운 아픈 그림자를 곧바로 알아챘다. 우리는 같은 엄마 밑에서 자라 한 뿌리에서 갈라진 트라우마를 공유하고 있는 사이였기에.

착하고 다정하기 이를 데 없는 동생이지만, 가끔 속마음을 드러내는 순간 뾰족한 독화살이 심장을 찌르는 듯 아파 올 때가 있다. 엄마는 우리가 음식을 잘 먹지 않으면 왜 그렇게 안 먹느냐고 잔소리하고, 우리가 잘 먹으면 너무 많이 먹지 말라고 잔소리했다. 매사 그런 식이었다. 밤새워 공부하면 눈 나빠진다며 걱정하고, 가끔 놀고 싶어 여유 부리면 그렇게 게으름을 피우면 이다음에 커서 뭐가 될 거냐며 도리질을 치는 엄마라니. 도대체 어느 장단에 맞춰야 할지 알 수가 없었다. 내 동생의 푸념은 30년 넘게 쌓아 온 오랜 트라우마를 자신도 모르게 드러낸 것이었다.

남녀차별이 심한 시댁에서 언제 아들을 낳아 줄 거냐는 둥 아들을 입양이라도 하면 어떻겠냐는 둥 어처구니없는 압박을 받으면서도 아랑곳없이 세 딸을 씩씩하게 키워 낸 엄마. 헌신적인 모성애를 지닌 분이었지만, 우리 세 자매는 엄마 때문에 늘 상처받았다. 나는 우선 '열 아들 부럽지 않은 대단한 딸'이 되어야 한다는 압박을 받았다. 엄마의 지나친 사랑은 매우 피곤한 집착으로 나타났고, 우리 세 딸은 어떻게 해도 엄마를 결코 만족시킬 수 없다는 진실을 소녀시절부터 깨닫고 가슴앓이를 했다.

나는 선생님이나 선배들에게는 자주 칭찬을 받았지만, 엄마에게는 한 번도 제대로 된 칭찬을 받아 본 적이 없었다. 우리 세 자매는 자존감이 무척 낮았다. 엄마의 높은 기대치를 결코 만족시킬 수가 없었기에, 그리고 유년시절 자존감의 뿌리는 우선 부모의 안정된 정신적 에너지에서 나온다는 걸 그때는 몰랐기에. 내가 동생들에 비해 공부를 잘한다는 것조차 동생들뿐 아니라 나 자신에게도 스트레스였다. 나 때문에 동생들이 비교당한다는 사실이 엄청난 부담이었던 것이다. 차라리 공부도 대충 하고 뭐든 술렁술렁 넘어가, '더 훌륭한 존재가 되려는 노력' 자체를 포기해 버릴까 하는 충동이 불쑥불쑥 일어나기도 했다. 어떻게 해도 엄마를 만족시킬 수 없으니까, 어떻게 해도 '완전한 만족'이란 있을 수 없으니까.

오랫동안 나는 이것이 단순히 딸 부잣집에서 자라난 맏이의 전형적인 스트레스인 줄 알았는데, 알고 보니 이것은 내 삶에 지울 수 없는 각인을 남긴 심각한 트라우마였다. 스트레스는 시험 볼 때마다 갑자기 배가 아프다든지, 교통체증으로 짜증이 나는 정도로 '그 상황이 끝나면 고통도 함께 끝나는 것'을 의미한다. 그러나 트라우마는 '그 상황이 끝나도 고통이 끝나지 않는 것'이다.

이 트라우마는 아마도 아주 오래전부터 엄마의 인생에서 시작된 것이 아닐까? 스스로 자신의 삶에 늘 만족하지 못했던 엄마의 절망과 슬픔이 딸들에게 유전되었던 것이다. 나는 이를 '영원히 만족하지 못하는 마음의 유전자'라 이름 붙여 보았다. 어엿한 이름을 붙이니 비로소 트라우마의 실체가 보이는 듯했다. 나는 이 트라우마와 싸워 이길 준비가 아직 되지 않은 상태에서 '난 행복해질 수 없는 아이, 결코 엄마의 기대를 충족시킬 수 없는 아이'라는 자기징벌까지 강화하고 있었다. 오랜 시간이 지나고 보니 나뿐 아니라 동생들까지 이 트라우마의 사슬 안에 갇혀 있었다. "대체 우리가 어떻게 해야 엄마를 만족시킬 수 있겠어?"라는 동생의 날카로운 항변은 동생의 의지라기보다 우리 셋 모두가 치유하지 못한 트라우마가 자신도 모르게 무의식적으로 폭발한 것이 아니었을까.

나는 트라우마를 극복하기 위해 심리학을 공부하기 시작했고, 이제는 전공이던 문학마저도 심리학의 눈으로 바라보고 있다. 문학은 내 제1전공이고, 심리학은 제2전공이 된 것 같다. 나는 심리학 전문가는 아니지만 '문학의 프리즘에 비춰 본 심리학'이라는 관점은 나를 끊임없이 설레게 만들고 가슴 뛰게 만든다. 문학작품 속에서 나를 매혹시킨 주인공들은 어딘가 나와 닮은 상처를 지닌 사람들이다. 완전히 똑같은 상처는 아닐지라도, 뭔가 상처받는 마음의 패턴이 비슷한 존재들에게서 나는 피할 수 없는 매력을 느꼈다.

누구에게도 신세 지기 싫어하고 자신을 대단한 존재라 생각지도 않지만 누군가 자신을 건드리기만 하면 언제든 폭발할 준비가 되어 있는 제인 에어, 가족을 세상 누구보다 사랑하고 자신을 아버지 없는 집안의 가장이라 생각하지만 마음 깊은 곳에서는 제발 꼭 한 번만 내 마음대로 살아 보고 싶다는 열망을 감추며 하루하루 견디는 『이성과 감성』의 엘리너 같은 인물이 내 마음을 사로잡는다. 또 내 주변 사람들의 상처를 닮은 주인공들 또한 못지않게 매력적이다.

나는 내가 사랑한 문학작품과 나의 트라우마가 만나는 지점, 내 주변 사람들의 아픈 상처와 문학작품이 만나는 지점을 찾아왔다. 나는 트라우마와 관련한 온갖 책들을 찾아보면서 결국 우리가 평생 고통받는 상처의 기원이 대부분 부모를 비롯한 가까운 사람들의 상처에서 연원함을 알 수 있었다. 부모 세대의 상처가 결국 아이에게, 그리고 그다음 세대에까지 대대로 이어질 수 있다. 부모는 재능이나 장점만을 물려주는 것이 아니라 상처와 결핍, 트라우마와 콤플렉스까지 자녀에게 물려줄 수 있다.

다행히 우리에게는 이 트라우마의 유전자 사슬을 끊어 낼 힘이 있다. 그것은 바로 이제 자신의 상처와 대면할 수 있는 용기를 가진 '현재의 나'가 과거 속의 나, 영원히 자라지 않는 내면아이에게 다가가 말을 걸고, 그 아이의 상처에 귀 기울여 마침내 그 내면아이를 상징적으로 '입양'하는 내적 체험을 통해 가능하다. 과거의 나는 내 상처를 돌볼 수도 어루만져 낫게 할 수도 없었지만, 이제 나는 오래전 나에게 돌아가 아직 자라지 못한 내면아이를 불러내 그 외롭고 지친 아이를 입양할 수 있는 힘이 생긴 것이다.

한 번도 만족스러운 미소를 지어 보이지 않는 엄마, 한 번도 자식을 화끈하게 칭찬해 준 적 없는 엄마로 인해 우리 세

자매는 '그저 해맑게 행복을 그 자체로 느낄 수 있는 마음의 여유'를 배우지 못했다. 우리는 기쁘면 기쁜 대로, 슬프면 슬픈 대로 인생 그 자체를 즐기지 못하는 마음의 유전자를 물려받고 말았다. 얼마 전에야 깨달았다. 내가 이 트라우마를 극복하기 위해 무려 20여 년간 방황했다는 것을. 이제야 조금 알 것 같다. 이제 내가 나를 입양할 시간임을.

트라우마는 내 안에서 자라나 내 살을 찌르는 가시 같은 존재다. 트라우마의 씨앗은 외부적 사건에서 올 때가 많지만, 그 씨앗에 물을 주고 햇빛을 주어 더 거대한 트라우마의 나무로 키워 내는 것은 우리 자신이다. 이제 서로의 상처를 물어뜯던 엄마와 나 사이에는 예전보다 단단한 유대감이 싹트기 시작했다. 엄마는 얼마 전에 내게 이런 메시지를 보내셨다. "여울아, 네가 행복하니까 나도 행복하다." 엄마의 문자 메시지는 그동안 우리 사이에 오간 모든 상처를 보듬어 주는 만병통치약 같았다.

우리는 지금도 가끔 싸우고, 종종 서로의 마음에 아직까지 남은 트라우마의 흉터를 발견하곤 한다. 하지만 이제 사랑하기 때문에 견뎌야 하는 상처라며 서로를 향해 무조건 참고 견딜 것을 강요하지 않는다. 그리고 이제 저만치서 홀로 슬퍼하고 있는 어린 시절의 또 다른 나를 '입양'할 수 있게 된 나는 나와 조금 다른 자리에서 홀로 울고 있는 또 하나의 어린 소녀를 발견한다. 그 소녀는 놀랍게도, 이제는 내가 아니라 내 어머니의 어린 시절 모습이다.

무려 일곱 명의 딸들 속에서 '둘째'임에도 불구하고 '첫째'처럼 보였던 강인한 아이. 아들이 한 명도 없는 집안에서 어떻게든 아들의 빈자리를 채우기 위해 '소녀다운 모든 꿈들'을 매몰차게 버렸던 아이, 한국전쟁이 한창이던 1951년 봄 "아마 이 애는 오래 살지 못할 거야."라는 주변 사람들의 걱정과 포기 속에서 태어난 아이. 남녀차별 없는 사회에서 하늘 높이 날아오르고 싶었지만, 딸들에게 배움의 기회를 주는 것으로 자신이 이루지 못한 열망을 대신할 수밖에 없었던 엄마. 남들보다 많이 배우지 못했지만 세상 누구보다 나에게 많은 가르침을 주신 우리 어머니. 자신은 인생을 즐기지 못했지만 딸들의 인생만은 이 세상의 모든 빛이 낱낱이 스며들기를 바라는 우리 엄마, 딸에게는 절대로 자신이 겪은 고통을 물려주지 않으려고 안간힘 쓰는 이 세상 착한 엄마들과 참 비슷한 우리 엄마.

그 엄마의 소녀시절, '이 세상은 뭔가 잘못되었어. 나는 이 세상과 싸워 이길 거야.'라고 생각했을 그 작은 소녀에게 다가가 그 아이를 꼭 안아 주며 말하고 싶다. 애야, 너는 지금 이 모습 그대로 완벽해. 창문 틈으로 비치는 햇살의 아름다움을 있는 그대로 사랑해 봐. 네 앞에 놓인 모든 가능성들을 믿어 봐. 너는 결코 부족하지 않아. 너는 결코 주눅 들 필요가 없어. 해도 그만 안 해도 그만인 걱정으로 네 삶을 가득 채우지 말아. 걱정의 눈물로 얼룩진 마음의 창으로 세상을 바라보지만 않는다면 인생은 그 자체로 아름답단다. 준비조차 할 수 없는 재난이 밀려와도, 작별인사조차 할 수 없는 이별이 마음을 할퀴어도, 그럼에도 인생은 아름답단다. 내가 살아 보니 정말 그런걸. 물가에 내놓은 어린아이처럼 항상 걱정되는 누군가가 있다는 것만으로도, 함께 매일 밥을 먹는 사람, 추석에 보름달을 함께 바라보며 소원을 비는 누군가가 있다는 것만으로도 우리는 행복한 사람들이니까. 너는 눈부시다. 너는 아름답다. 너는 그걸 알아야 해. 네 마음속에 깊은 사랑이 살아 있듯이, 너를 바라보는 다른 사람의 마음에도 깊은 사랑이 살아 숨 쉬고 있다는 것을. 나는 이렇게 '지금은 내 엄마이지만, 오래전 세상이 그저 무섭고 불만스럽기만 했던 작은 소녀'를 입양하고 싶다.

문학과 심리학의 하모니를 통해 내 마음의 상처를 꿰매고 보살피고 지켜보던 그 시간이 아름다웠던 만큼, 이 책의 독자들 또한 이제는 '오래전 상처 입은 자기 자신을 스스로 입양하는 시간'을 경험했으면 좋겠다. 우리는 결코 외롭지 않다. 진정한 나 자신이 될 준비가 되어 있다면. 도저히 나다운 나로 받아들일 수 없는 끔찍한 그림자나 트라우마마저 '온전히 내 것'으로 끌어안을 준비가 되어 있다면. 이 책은 '참 나'를 찾기 위해 인생을 걸고 방황과 위험을 무릅쓴 투사들의 전쟁 같은 하루하루를 담았다. 그들이 내 마음속 깊은 트라우마를 건드릴 때마다, 내 안에서 '내 트라우마를 이겨 낼 수 있는 힘' 또한 함께 샘솟아 나왔다. 트라우마를 맞닥뜨리는 것은 단지 뜻밖의 공격을 당하는 것에 그치는 것이 아니라 '내 안에 나도 모르는 잠재적 힘'을 깨달을 기회이기도 하다. 이 책의 독자들이 그 소중한 자기 안의 잠재적 에너지를 발견하기 바란다. 그리하여 마침내 '나는 결코 행복해질 수 없을 거야.'라는 자기징벌 속에 갇혀 있는 자기 안의 내면아이를 구출해 낼 불굴의 전사를 자기 안에서 발견하기를 간절히 바란다.

나의 독자들과 만나러 가는 설레는 기차여행,
SRT 열차 위에서 2017년 가을, 정여울

|차 례|

3부 ── 타인의 시선, 진정한 성장의 시험대

1부

내 안의 내면아이
다독이기

우리 마음 깊은 곳에는 아무리 시간이 흘러도 좀처럼 자라지 않는 내면아이가 있다.

그 아이는 보살핌이 필요하다. 내 안에서 영원히 자라지 않는 그 내면아이의 가장 깊은 상처는 주로 가족관계에서부터 비롯된다.

가장 사랑받으며 인정받고 싶은 존재에게

버려진다는 것, 가장 관심받고 싶은 존재에게

외면당하는 것은 뼈아픈 트라우마로 남아 평생

지울 수 없는 영혼의 흉터를 남긴다.

그 내면아이를 발견하고, 보살피고, 마침내 완전히

보듬어 안는 것. 그것이 치유와 성장의 시작이다

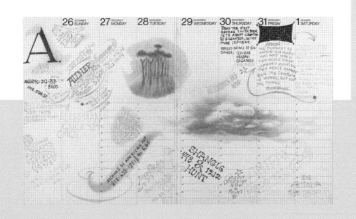

오이디푸스콤플렉스를 넘어서서

부모의 욕망이 아니라
내가 원하는 길

"나는 나 자신도 어머니를 사랑하고 아버지를 질투한다는 것을 발견했소. 그리고 이제 이것이 초기 아동기의 일반적인 현상이라고 생각하고 있소. 모든 사람들은 한때 신화 속의 오이디푸스가 되는 시기를 거친다고 생각하오."

지그문트 프로이트(1856-1939)가 1897년 빌헬름 플리스(1858-1928)에게 보낸 편지의 한 대목이다. 『꿈의 해석』에서 프로이트가 '오이디푸스콤플렉스' 이론을 발표한 후로, 아버지와 아들, 또는 딸과 어머니 사이의 묘한 경쟁심은 곧잘 오이디푸스콤플렉스로 설명되곤 했다.

하지만 이 이론은 부모와 자식 간의 갈등을 전체적으로 설명하기에는 지나치게 환원론적이라는 비판을 벗어나기 어렵다. 과연 모든 소년들은 아버지를 질투하고, 모든 소녀들은 어머니를 질투하며 자라는 걸까. 그렇지만은 않다. 수많은 아이들은 부모에 대한 질투보다 동경과 존경심을 품는 경우가 많고, 변해 가는 세상 속에서 좋은 아버지의 가치는 '남자다움'이나 '가부장적 권위'보다 '친구 같은 다정함'으로 변모하고 있으니 말이다.

그럼에도 불구하고 평생 아버지에게 인정받아야 한다는 압박감으로 고통스러워하는 사람들, 아버지에게 인정받지 못했다는 자책으로 괴로워하는 사람들은 분명 존재한다. 오이디푸스콤플렉스가 주로 아들과 아버지의 경쟁 관계를 나타내는 용어라면, 딸과 엄마의 묘한 애증 관계를 나타내는 용어는 엘렉트라콤플렉스다. 하지만 프로이트학파는 그런 구별은 무의미하며 남녀 상관없이 아동기에는 부모를 향한 미묘한 경쟁과 질투의 감정을 가지게 된다는 점에서 복합적으로 오이디푸스콤플렉스를 적용해야 한다고 주장했다. 나는 이런 '만물의 잣대'로서의 오이디푸스콤플렉스가 폭력적인 환원론이라 느낀다.

진정 오이디푸스콤플렉스를 넘어서서 부모와 자식의 관계를 이해하는 방법은 불가능할까? 그것이 가능할지도 모른다는 희망을 보여 주는 작품이 프란츠 카프카(1883-1924)의 『변신』이다. 이 소설에서는 아버지가 아들을 인정하지 않는다는 점에서는 오이디푸스적 상황이라 느낄 만한 여지가 있다. 하지만 아들이 아버지와 경쟁적으로 '어머니의 사랑'을 간절히 원하는 것은 아니라는 점에서 전형적인 오이디푸스콤플렉스의 가능성을 비껴간다. 아들이 원하는 것은 '아버지의 자리'가 아니라 아버지를 닮지 않고 살아가는 법, 아버지가 되지 않고도 한 사람의 오롯한 인간이 되는 것이기 때문이다.

"어느 날 아침 그레고르 잠자가 어지러운 꿈에서 깨어났을 때, 그레고르는 침대 속에서 자신이 한 마리의 흉측한 벌레로 변해 있는 것을 발견한다." 『변신』은 이렇게 시작된다. 어느 날 아침, 벌레로 변신해 버린 그에게 가장 먼저 엄습해 오는 고통은 벌레가 되었다는 사실 자체가 아니라 출근을 못 할지도 모른다는 두려움이다. 그는 벌이가 시원찮은 아버지를 대신하여 실질적인 가장 역할을 도맡고 있었으나, 아버지는 '그럼에도 불구하고 가장은 나다!'라는 생각을 관철시키려는 듯 더욱 히스테리컬하게 가족 위에 군림하고 있었다. 아버지는 벌레가 된 아들의 안부를 걱정하기보다 아들의 벌이가 끊겨 생계가 곤란해질 것을 더 염려한다. 부모와 자식의 관계마저도 경제적 착취의 관계로 얼룩져 있었던 것이다.

그레고르 잠자는 '내가 돈을 벌지 않으면 가족은 결코 버텨 내지 못할 거야.'라는 생각 때문에 자신의 삶을 잃어버렸다. 그는 여동생 그레테를 음악학교에 보낼 생각은 하면서도, 자신은 아버지의 빚을 갚은 후 정작 무엇을 해야 할지 알지 못한다. 그레고르는 가족이 자신을 보살펴 주리라는 믿음을 한동안 버리지 않는다. 하지만 그가 벌레가 된 몸으로 힘겹게, 온 힘을 다해 잠긴 문고리를 여는 데 성공하자, 자신을 기다리고 있었던 것은 가족의 따뜻한 걱정과 보살핌이 아니라 충격과 공포였다.

그레고르가 왜 출근을 하지 않았는지 알아보러 집으로 찾아온 지배인은 비명을 지르며 어물어물 뒷걸음친다. 아버지는 적대감을 숨기지 못하고 그레고르를 향해 주먹을 불끈 쥐다가 '진짜 그레고르'를 찾는 듯 두리번거리더니, 울음을 터뜨리고 만다. 알고 보니 아버지는 '든든한 가장'인 척하는 나약한 소시민이었던 것이다. 권위와 억압은 아버지의 진짜 힘이 아니라 '힘인 척하는 두려움의 외피'가 아닐까. 그레고르는 그 와중에도 포기하지 않고 지배인을 설득한다. "지배인님, 어디로 가세요? 회사로 가시죠? 그렇죠? 이 모든 걸 사실대로 보고하실 건가요? 지금은 제가 일할 능력이 없어 보이겠지만, 사실 이런 때야말로 저의 과거 실적을 되돌아볼 좋은 기회가 아닐까요. 나중에는, 이 모든 장애가 제거된 후에는, 꼭 그만큼 더 열심히, 더 집중해서 일하게 될 거예요." 그레고르는 필사적으로 애원하지만, 그것은 '벌레의 울부짖음'으로 들릴 뿐이다.

이 소설의 아이러니는, 그레고르가 '벌레'가 되고 나서야 비로소 '진실'이 보이기 시작한다는 점이다. 알고 보니 가족은 그가 생각한 것처럼 완전히 무력하지 않았다. 아버지에게는 그레고르 몰래 모아 놓은 재산이 있었다. 아버지가 그레고르에게 그 사실을 미리 알렸다면 그레고르의 부담감은 훨씬 줄어들었을 것이다. 아무 일도 하지 않는 가족의 생계를 떠맡는다는 것이 아들에게 너무나 큰 부담이라는 것을, 정작 당사자인 아버지는 몰랐던 것이다.

착한 그레고르는 『변신』에서 딱 한 번, 가족에게 '난 아직 살아 있다!'는 의사 표시를 한다. 바로 그레테와 어머니가 그레고르의 방에 있는 모든 가구를 치우려 하는 날이었다. 그레고르는 어머니와 여동생이 액자를 치우려 하자, 액자 위에 달라붙어 떨어지지 않는다. 만약 이 액자를 치우려 한다면 여동생의 얼굴 위로라도 떨어지겠다고 단단히 결심한다. 그 순간, 그레고르는 이것까지 양보해 버리면 영원히 이 집안에서 자신의 자리, 아들의 자리, 무엇보다 한 인간의 자리가 없어질 것임을 직감했던 것이다.

그레고르는 자신이 아직 여기 살아 있다고, '인간'은 아니더라도 여전히 '그레고르'라고, 당신의 아들이며 너의 오빠라고 말하고 싶었던 것이 아닐까. 그레고르는 온몸을 액자에 철썩 붙인 채 저항한다. 인간의 언어를 잃어버렸으니 온몸을 사용해 벌레의 언어로 말한 것이다. 제발 내가 '벌레'가 아니라 '그레고르'라는 것을, 당신들의 가족이라는 것을 잊지 말아 달라는 마지막 몸부림이었다.

그러나 그에게 돌아온 것은 아버지의 폭력과 그레테의 폭언뿐이었다. 그레고르의 흉측한 모습을 처음으로 제대로 목격한 어머니는 그 자리에서 실신해 버리고, 그레테는 오빠에게 노골적인 경멸을 표시하며 아버지에게 모든 사태를 일러바친다. 그레고르의 진심을 이해하지 못한 아버지는 다짜고짜 사과를 던

저 그레고르의 등에 치명상을 입히고 만다. 커다란 사과가 등에 박힌 채, 그레고르는 이제 몸조차 제대로 가눌 수 없어 병에 걸린 벌레가 되어 버린다.

여동생 그레테는 그레고르가 가족 중에 가장 아끼던 존재였다. 그레고르가 부모에게 느낀 감정이 의무감이었다면, 여동생에게 느낀 감정은 애틋함이었다. 그레고르는 아버지의 부채를 탕감하느라 그토록 뼈 빠지게 일하면서도, 바이올린을 좋아하는 여동생을 음악학교에 보내기 위해 따로 돈을 모으려 계획하기까지 했다. 그러나 여동생은 벌레가 된 몸으로도 그녀의 바이올린 연주를 듣기 위해 필사적으로 문 쪽으로 귀를 기울이는 오빠의 마음을 알아주지 않았다.

그레테는 단호하게 선언한다. "우리는 저것에서 벗어나야 해요." 이 순간 아들도, 오빠도, 그도 아닌, '저것'으로 전락해 버린 그레고르는 완전히 희망을 잃어버린다. 여동생이 '저 벌레는 우리 가족이 아니다.'라고 선언하는 순간, 그레고르는 인간으로 되돌아갈 수 있다는 희망을 완전히 버린 것이다. 그레고르는 그때부터 음식을 거부한 채 납작하게 말라 가고, 어느 날 완전히 호흡을 멈춰 버린다. 그는 영원히 가족으로부터, 그리고 인간 세계로부터 추방당한다. 가족은 마치 이제야 '짐짝'에서 해방된 듯 단란하기 이를 데 없는 분위기 속에서 소풍을 떠난다.

나는 어린 시절 내가 아들이었다면 부모님이 나를 더 사랑하시지 않았을까 하는 상상에 괴로워한 적이 있다. 아버지가 친한 회사 동료의 아들에게 용돈을 듬뿍 주며 머리를 쓰다듬어 주시는 걸 본 뒤였던 것 같다. 목욕탕에서 아버지의 등을 밀어 주는 아들, 아버지와 함께 축구하는 아들, 장기나 바둑을 두며 아버지와 대화하는 다른 집 아들들을 내 아버지도 부러워하셨다. 바둑을 좋아하시는 아버지를 위해 나도 한 번 바둑을 배워 보려 애쓴 적은 있지만 도저히 적성에 맞지 않아 그만두었다. 이것이 전형적인 오이디푸스콤플렉스와 완전히 일치하지는 않겠지만, 내게도 '평생 노력해도 나는 부모님이 원하는 아들이 될 수 없다.'는 좌절감이 있었다. 어머니에게 야단맞는 것은 익숙했지만, 가끔 아버지가 매를 들거나 화를 내시면 세상이 무너지는 듯 슬프고 무서웠던 기억도 있다.

세상의 거의 모든 딸들은 '아버지에게 사랑받는 딸'이거나 '아버지의 눈 밖에 나지 않는 딸'이 되기 위해 분투했던 기억이 있을 것이다. 나 또한 오랫동안 '부모님에게 인정받는 딸'이 되기 위해 안간힘을 쓰던 시절이 있었지만, 어느 순간 그런 나를 극복하게 만든 것은 '부모의 기대에 걸맞은 딸'이 되는 것이 아니라, '부모의 뜻과 상관없이 내가 진심으로 원하는 길'을 찾는 과정에서 느낀 희로애락이었다. 그렇게 아름답거나 대단한 길은 아니지만, 그저 내가 원하는 삶을 찾기 위해 누구에게도 의지하지 않고 천천히 나의 길을 걸어가기 시작한 순간, 해방감이 찾아왔다.

만약 '나는 꼭 이것을 하고 싶은 걸까?'라는 질문이 우리를 괴롭힌다면 질문해 보자. 이것은 누구의 열망인가? 진짜 나의 열망인가, 부모님의 열망인가, 아니면 미디어가 부추긴 유행과 대세의 유혹인가? 카프카의 『변신』이 여전히 전 세계 독자들에게 사랑받는 이유는, 아직 우리가 완전히 벗어나지 못한 오이디푸스콤플렉스를 날카롭게, 그러나 눈부시게 온몸으로 돌파하고 있는 그레고르를 향한 뜨거운 연민과 공감 때문이리라.

내 안에도 언제든지 '벌레'로 변신할 수 있는 가여운 그레고르가 잠복하고 있다. 그레고르 잠자는 아버지가 강요하는 삶의 압박감과 싸우는 지상의 모든 자식들의 슬픔을 등에 짊어진 채, 오늘도 쓸쓸히 머나먼 창밖의 자유를 꿈꾸고 있다.

벌써 여러 달 전부터 하지 못했던 일이다. 그리하여 전차를 타고 교외로 향했다. 그들 모두가 탄 칸은 따뜻한 햇볕이 속속들이 들어와 있었다. 그들은 좌석에 편안히 뒤로 기대고, 장래의 전망에 대해 논의했는데 좀 더 자세히 관망해 보니 장래가 어디까지나 암담하지만은 않다는 사실이 드러났다. 실은 서로 전혀 상세히 물어보지 않았던 세 사람의 직장이 썩 괜찮았으며 특히 앞으로는 상당히 희망적이기 때문이었다. (……) 그리하여 그들의 목적지에 이르러 딸이 제일 먼저 일어서며 그녀의 젊은 몸을 쭉 뻗었을 때, 그들에게는 그것이 그들의 새로운 꿈과 좋은 계획의 확증처럼 비쳤다.

— 프란츠 카프카, 『변신』에서

02

지금 당장 행복하지 않아도

트라우마가 머물던
자리

얼마 전 지인의 부고를 듣고 급히 장례식장에 갔을 때, 나는 혜화동 근처의 그 병원이 무척 낯설게 느껴졌다. 한때 무척 정든 장소였지만, 그곳은 내게 '트라우마가 머물던 자리'였다. 10여 년 전 그곳에서 나는 개인적으로 무척 견디기 힘든 시간을 겪었고, 오랫동안 그곳에 가기를 꺼렸다. 어쩌다 버스를 타고 지나가거나 어쩔 수 없는 약속 때문에 들러야 할 때마다 그때 그 시절의 트라우마가 다시 독감바이러스처럼 온몸으로 퍼지는 느낌에 시달렸다.

그런데 10여 년이 지나 우연히 장례식 때문에 그곳에 가게 되었을 때, 나는 처음으로 그곳이 내게 뼈아픈 장소였음을 순간적으로 잊었다. 처음으로 그곳이 '아름답다.'고 느꼈다. 그런 감정을 느낄 수 있다는 것은 내 무의식의 역사 속에서는 무척 커다란 사건이었다. 한 번도 그곳이 아름답다고 느껴 본 적이 없었던 것이다. 그곳은 그저 아픈 곳, 옛 상처를 건드리는 곳, 회피하고 싶은 곳이었기에 '아름다움을 느끼는 지극히 정상적인 감성'조차 마비시키는 곳이었다. 방어기제를 강하게 작동시켜야만 간신히 고통을 잠재울 수 있었던 그곳이, 이제는 '아프지만, 그럼에도 아름다운 장소'가 되었다. 이제야 그 장소가 지닌 본연의 아름다움을 깨닫게 된 순간, 나는 내 지난날의 상처가 극복되었음을 처음으로 느낄 수 있었다.

상처란 이렇다. 극복하려고 애쓸 때는 꿈쩍도 안 하다가 때로는 내가 알지도 못하는 사이에 스르르 극복된다. 물론 죽을 떠낸 자리처럼 완전히 말끔하고 평평하진 않지만. 이제 나는 '그 사람들'은 죽을 때까지 만나기 싫다는 생각에는 시달리지 않는다. 최근까지도 그 10여 년 전의 트라우마를 영원히 극복하지 못할 거라 생각했었다. 내가 행복해질 수 없는 건 다 그때 그 시절의 상처 때문이라고 생각했다. 그건 '의식의 판단'

이었다.

그런데 나도 모르게 어느 순간 그 아픔으로부터 자유로워졌다. 그것은 '무의식의 힘'이 아니었을까. 나의 의식은 내가 상처를 극복할 수 없으므로 행복해질 수 없다고 판단했지만, 나의 무의식은 '너는 네 상처보다 훨씬 강한 존재야.'라고 수없이 속삭여 온 것이 아닐까.

사회적인 통념이나 오랜 생활 습관에 젖어 있는 '의식'은 그동안의 관성대로 고집을 부리지만, '무의식'은 아무리 감시를 강화해도 끝내 탈옥에 성공하는 불굴의 죄수처럼 의식의 보호관찰을 거부한다. 이렇듯 의식의 통제와 무의식의 자유로운 움직임은 필연적으로 어긋나는데, 우리가 의식의 통제를 강화할수록 그 의식의 압제로부터 벗어나려는 무의식의 꿈틀거림은 더욱 강렬하고 복잡해지는 경향이 있다.

심리학의 눈으로 문학을 바라보는 훈련을 통해서 나는 나도 모르게 내 상처와 천천히 작별하고 있었던 것 같다. 사실 이토록 심리학에 관심을 가지게 된 이유도, 그 첫 번째 동기는 '내 상처를 극복하기 위해서'였으니 말이다. 예전에는 그저 '아름다운 작품'이라고만 생각했던 소설이 심리학의 눈으로 보면 '우리의 무의식을 이해하는 데 특별한 관점을 제공하는 작품'

이 된다. 『선학동 나그네』가 바로 그런 경우다. 해피엔딩이 꼭 심리적 건강에 좋은 것은 아니다. 해피엔딩에 대한 강박은 '지금 당장 행복을 느끼지 않으면 치유되지 않은 것'이라는 또 다른 강박을 낳기 때문이다. '해피엔딩이 아닌데도 진정으로 트라우마의 치유에 도움이 되는 작품'인 『선학동 나그네』는 임권택 감독의 영화 「서편제」로도 잘 알려진 소리꾼 가족의 후일담이라 할 수 있다.

이청준(1939-2008)의 남도 이야기 연작 속에서 '아버지'는 트라우마의 뿌리이자 원흉이다. 딸을 진정한 소리꾼으로 만든답시고 열 살짜리 딸에게 청강수를 먹여 눈을 멀게 했을 뿐아니라, '소리꾼 남매'를 키운다는 명목으로 의붓아들의 가슴에도 지울 수 없는 상처를 남긴 아버지. 『선학동 나그네』는 그 상처의 원흉인 아버지가 죽고 난 뒤 소리꾼 누이의 흔적을 찾는 오라비의 이야기다.

오라비는 누이가 머물렀을 것으로 추정되는 선학동 주막에 들러 주인에게 '소리꾼 부녀'의 이야기를 묻는다. 주인은 이 갑작스러운 손님에게 이상하리만치 자연스럽게, 마치 오래전에 알고 있었던 사람처럼 자신 곁에 머물다 간 소리꾼 여인의 이야기를 들려준다. 손님은 자신이 그 눈먼 소리꾼 여인의 오라

비임을 애써 숨기려 하지만, 주인은 그가 나타난 순간 마치 오래된 예언이 실현되듯 그에게 모든 사연을 들려준다.

어찌 보면 이 이야기는 너무도 비극적이다. 눈으로 뻗칠 영기를 귀와 목청으로 옮기게 하여 소리를 비상하게 한다는 설을 믿었던 아버지, 아들로부터 어머니의 사랑을 영원히 빼앗아 간 의붓아비에게 살의를 느끼는 아들, 그 아비를 원망하지 않고 끝까지 보살피며 평생 '소리꾼 부녀'의 인생을 살아간 것으로도 모자라 천하의 명당이라는 선학동에 아비를 몰래 묻어 주고 삼년상까지 치러 준 딸.

의붓아들은 오랜 한을 풀기 위해 선학동으로 왔지만 끝내 누이를 만나지 못한다. 누구도 소망을 충족하지 못한 것만 같다. 하지만 『선학동 나그네』를 다 읽고 나면, 내 마음 한구석의 가파르게 모서리 진 슬픔이 치유되는 느낌이 든다. 그것은 누구도 해피엔딩을 맞이하지 못했지만 모두가 저마다의 방식으로 정신의 자유를 얻었기 때문이 아닐까.

아버지는 비극적인 죽음을 맞지만 결국 훌륭한 소리꾼 남매를 키워 냈고, 딸은 자신의 눈을 멀게 한 아비를 미워하지 않고 오히려 따스하게 감싸 주었다. 그리고 아버지에 대한 증오를 극복한 아들은 누이의 소리를 그리워하며 누이가 그 아름다운 소리를 통해 선학동 사람들의 닫힌 마음을 열어 주고 저마다의 한 맺힌 가슴을 치유했다는 사실을 알게 된다.

이 이야기는 분명 새드엔딩(sad ending)으로 나아가지만, 읽는 동안 우리의 상처는 자신도 모르는 사이 조금씩 치유된다. 두 의붓 남매는 핏줄이 아니라 '소리의 정한(情恨)'으로 얽힌 사이였으며, 그들 사이에서 굽이치는 남도의 소리는 치유의 매개가 된다. 굳이 서로가 다시 만날 수 있다는 희망을 확인하지 않고도, 그들은 주막 주인의 이야기를 통해 해묵은 상처를 치유하고 '나에게 지울 수 없는 상처를 남긴 아버지'라는 트라우마, 그 몹쓸 운명의 사슬로부터 진정으로 해방된 것이다.

치유는 행복한 상태로 곧바로 나아가는 것이라기보다 '행복을 스스로 쟁취할 수 있는 용기'를 가진 상태에 가깝다. 그러니까 무너진 결혼 생활을 억지로 재건하기 위해 싫어도 꾹 참고 사는 것이 치유가 아니라, '그 없이도 내가 홀로 설 수 있음'을 깨닫고 과감히 이별을 선택하는 것이 더욱 치유적일 수 있다. '행복한 사람'보다 '주체적인 사람'이 되도록 만드는 것이 정신분석의 진정한 목적이다. 사랑하지 않는데도 서로 눈치 보며 이혼하지 않고 행복한 척 안정되게 살아가는 것보다는, 차라리 이별을 선택하더라도 자기 인생의 진정한 주체가 되어 용감하게 살도록 돕는 것이 정신분석의 힘이다.

지금 당장 행복해지지 않아도 좋다. 행복도 불행도, 우울도 불안도, 그 자체로 견디고 묵상할 수 있는 용기야말로 치유의 징후다. 진정한 치유란, 급작스러운 해피엔딩을 추구하는 것이 아니라 행복을 향한 오랜 집착으로부터 해방되는 것이니까.

여자가 마침내 소리를 시작하고 있었다. 그런데 사내는 그 여자의 오장이 끓어오르는 듯한 목소리 속에 문득 자신도 그것을 본 것이다. 사립에 기대어 눈을 감고 가만히 여자의 소리를 듣고 있자니 사내의 머릿속에서 오랫동안 잊혀 온 옛날의 그 비상학이 서서히 날개를 펴고 날아오르기 시작한 것이다. 그리고 여자의 소리가 길게 이어져 나갈수록 선학동은 다시 옛날의 포구로 바닷물이 차오르고 한 마리 선학이 그곳을 끝없이 노닐기 시작했다.

—이청준, 『선학동 나그네』에서

"전 이제 이 선학동 하늘에 떠도는 한 마리 학으로 여기 그냥 남겠다 하시오…… 그게 그 여자가 내게 남긴 마지막 당부였소…… 그리고 그 여잔 아닌 게 아니라 한 마리 학으로 하늘로 날아올라 간 듯 그날 밤 홀연 종적을 감추었고 말이오."

—이청준, 『선학동 나그네』에서

슬픔의 세계로 입문하라

구원의 길을 보여 줄 수도 있는
안타고니스트

문학적으로는 지극히 훌륭한 작품이지만, 심리학적으로는 '이 사람을 꼭 치료해야 하지 않을까?' 하는 걱정이 앞서는 경우가 있다. 도스토예프스키의 『어느 지하 생활자의 수기』라든지 카프카의 『변신』이 그런 경우다. 문학 작품으로서는 더할 나위 없이 완벽하지만 그런 주인공이 혹시 내 가족이라면, 혹은 '내가 그러면?'이라고 가정해 보는 순간 누군가 이 사람을 도와야만 할 것 같다. 『어느 지하 생활자의 수기』에 나오는 은둔형 외톨이 주인공이나 『변신』의 그레고르 잠자에게는 각자 자신의 무의식이 지닌 다채로운 풍경을 볼 수 있도록, 내면의 분열을 지혜롭게 극복할 수 있도록 카를 구스타프 융(1875-1961)을 소개해 주고 싶다.

융은 다짜고짜 치료를 목적으로 접근하기보다 환자가 자신의 진짜 문제와 대면할 수 있도록 꿈이나 그림 같은 간접적인 소재를 사용할 것이다. 하지만 위대한 치유자라 해서 모든 환자에게 다 어울리는 것은 아니다. 프랑스 문학에서 가장 깜찍한 문제아 주인공인 『슬픔이여 안녕』의 세실에게는 융 박사가 매우 범접하기 힘든, 두렵고 부담스러운 존재처럼 느껴질 것이다. 내가 세실의 이모라면 그녀를 최면 요법의 대가인 밀턴 에릭슨(1901-1980)에게 데려갈 것 같다. 이런 말썽꾸러기 소녀에게는 융처럼 진지하고 심각한 사람보다는 유머러스하고 친근한 의사, 때로는 철부지 아이처럼 '환자의 입장에서' 행동하는 재미난 치료사가 더 어울릴 것 같기 때문이다.

열일곱 살 소녀 세실은 부자이자 바람둥이인 아빠와 함께 지중해의 한 휴양지에서 행복한 한때를 보내고 있다. 세실이 아무리 공부를 등한시해도, 이른 나이에 남자친구와 격렬한 사랑에 빠져도 아빠는 별로 걱정하지 않는다. 아버지는 인생에서 모든 것을 너무 쉽게 얻었기 때문에 세실 또한 그 매력적인 외모만으로도 충분히 세상을 헤쳐 나갈 수 있으리라 믿는 대책 없는 낙관주의자다.

아버지는 걸핏하면 애인을 바꾸고도 죄책감조차 느끼지 않지만 세실은 그런 허랑방탕한 아빠가 좋다. 아버지는 자유의 표상이자 능력 있는 남자의 표본이니까. 세실이 가장 싫어하는 사람은 바로 심각하고 진지한 사람, 열심히 사는 사람, 육체적인 매력이 없는 사람이다. 세실의 유일한 소원은 이런 방탕한 삶을 지속하는 것이다. 아버지는 그런 헛된 꿈이 가능하다는 것을 보여 주는 산증인인 셈이다.

아버지의 젊은 애인 엘자와 함께 아무런 규율도 제약도 없는 일상을 즐기던 세실은 어느 날 청천벽력 같은 소식을 듣는다. 죽은 어머니의 옛 친구인 안이 온다는 소식이다.

아버지도 긴장한다. 안은 모든 면에서 아버지와 정반대인 사람이기 때문이다. 충동에 휘둘리지 않고 지적이며, 자기관리에 철저하고, 결코 방종에 빠지지 않는 사람. 한마디로 완벽하고 진지하며 사려 깊은 사람이었다. 안은 재능도 뛰어나지만 무엇보다 본인의 피나는 노력을 통해 패션업계에서 성공한 사업가이기도 했다. 눈치 빠른 세실은 이리저리 잔머리를 굴리기 시작한다. 왜 갑자기 우리들의 평화로운 일상에 안이 끼어

드는 거지? 혹시 안이 우리 아빠를 좋아하는 것이 아닐까?

만약 안이 우리 삶에 끼어든다면 지금 누리는 이 달콤한 평화는 한순간에 깨져 버리지 않을까? 심리학자 밀턴 에릭슨이라면 이런 상황을 '저항(resistance)'이라 불렀을 것 같다. 노력의 가치를 혐오하는 건방지고 이기적인 세실에게 처음으로 치유의 기회가 찾아왔는데, 그녀는 이를 완강히 거부하는 것이다.

세실의 예감은 적중했고, 지적이고 우아하며 세련된 안이 도착하자마자 그와 정반대 스타일을 지닌 엘자는 '젊고 예쁘다.'는 것 외에는 아무런 매력도 찾을 수 없는 속 빈 강정 신세가 된다. 아버지는 지금껏 만나 온 여자들에게서는 결코 찾아볼 수 없는 이지적이고 안정적이며 엄격한 카리스마를 지닌 안에게 빠져든다.

세실은 항상 자신의 소원이라면 뭐든 들어주던 아빠가 안과 사랑에 빠진 지 며칠 만에 결혼을 선언하자 공황상태에 빠진다. "나는 도저히 받아들일 수가 없었다. 결혼이나 구속을 그토록 혐오하던 아빠가 하룻밤 만에 결혼을 결심하다니. 그 결정은 우리들의 인생을 송두리째 뒤바꾸는 것이었다." 세실은 아버지를 다른 여자에게 빼앗겨 버린 느낌에 사로잡힌다. "아빠는 이제 나를 예전처럼 사랑하지 않아. 나를 배신한 거야."

게다가 아름다운 청년 시릴과 목하 열애 중인 자신의 임신을 걱정하는 안의 '엄마 같은' 모습에 경악한다. 세실과 시릴의 키스를 목격한 안은 경멸에 찬 표정으로 이렇게 말한다. "이런 식으로 실수를 한다면, 그 종말은 병원에서 맞게 된다는 걸 잊지 마." 참을 수 없는 모욕감을 느낀 세실은 안을 향한 복수를 기획한다.

이런 상황에서 프로이트라면 엘렉트라콤플렉스를 지적할 것이다. 아들에게 어머니를 향한 독점욕에서 우러나오는 오이디푸스콤플렉스가 있다면, 딸에게는 아버지를 향한 소유욕에서 기인하는 엘렉트라콤플렉스가 있다. 프로이트 박사가 세실을 상담했다면, 그녀는 유아기의 성적 트라우마에 대해 추궁받았을지 모른다.

하지만 세실의 독점욕은 훨씬 심각했다. 세실은 자신에게 가장 필요한 것은 '공부'라고 망설임 없이 주장하는 안의 훈육 방식에 기가 질려 버린다. 융통성 없는 안은 세실과 유연하게 협상하지 못하고 결국 공부에 집중하라며 세실을 방에 감금하는 엄청난 실수를 저지른다. 세실은 남자친구 시릴과 아버지에게 버림받은 엘자와 공모하여 안을 '우리만의 세상'

에서 완전히 몰아낼 음모를 꾸민다. 시릴과 엘자가 사귀는 척 상황을 꾸며 아버지의 질투심을 자극한 것이다.

이 앙큼한 소녀의 상황 연출은 기막히게 적중한다. 아버지가 딸의 풋내기 남자친구에게 옛 애인을 빼앗긴 굴욕을 참지 못하고 엘자와 키스해 버린 것이다. 때마침 이 격정적인 키스 장면을 목격한 안은 극심한 충격을 받고 제정신이 아닌 채 눈물범벅이 되어 미친 듯이 차를 몰아 도망치다 끔찍한 교통사고를 당하고 만다.

세실은 단순한 철부지 소녀가 아니었다. 열일곱 살 소녀를 아무도 의심하지 않을 거라는 사실을 적극적으로 이용했다. 게다가 세실은 자신을 너무도 잘 알았다. "내가 이 연극의 주인공이자 연출자였다. 나는 마음만 먹으면 언제라도 이 연극을 중단시킬 수 있었다." 안은 겉으로는 사사건건 주인공 세실의 욕망과 충돌함으로써 적대자(anatagonist)처럼 보이지만, 실은 세실의 삶을 바람직한 방향으로 바꿀 수 있는 구원자이자 조력자였다. "나는 고삐도 재갈도 없이 완전히 방향을 잃어버린 것 같은 느낌이었는데, 아빠의 얼굴에서도 똑같은 감정을 읽을 수가 있었다."

하지만 충동과 쾌락의 낙원에서 그 어떤 욕망도 양보할 생각이 없는 세실은 최고의 조력자이자 멘토를 적으로 돌려 버렸다. 그리고 그녀를 죽음의 골짜기로 밀어 버리고 만다. 어떤 형상으로도 빚어지기를 거부하는 무정형의 반죽, 세실은 그런 존재였다. 『슬픔이여 안녕』은 겉으로는 세실의 승리이자 안의 패배로 끝나는 이야기로 보이지만, 실은 세실이 자기 인생을 구할 수 있는 기회를 끝내 자발적으로 놓쳐 버리는 비극이기도 하다.

이 소설의 제목 『슬픔이여 안녕』에서 안녕은 이별의 인사 '아듀'가 아니라 만남의 인사 '봉주르'다. '슬픔은 이제 그만'이란 뜻이 아니라, 슬픔을 향한 입문의 뉘앙스로 읽으면 이 작품의 의미가 더욱 깊고 풍부하게 다가온다. 슬픔의 세계로 입문하는 순간 우리들의 진짜 인생은 시작되는 것이기에. 슬픔은 '행복의 끝'이 아니라 '새로운 인생의 시작'을 예고하는 신호탄이기도 하다. 당신이 그 슬픔의 내밀한 속삭임에 충분히 귀 기울일 수 있다면. 우리가 슬픔에 굴복하지 않고 슬픔 속에서 더 깊은 생의 진실을 찾아낼 수만 있다면.

　안이 도착하면서부터는 완전한 휴식이란 더 이상 있을 수 없으리라는 것을 나는 잘 알고 있었던 것이다. 안은 매사를 분명하게 했으며 아버지와 나라면 곧잘 그냥 지나쳐 버렸을 어떤 의미를 말 속에 부여하곤 하는 그런 여자였다. 그녀는 좋은 취미나 품위 같은 것에 대해 여러 규준을 설정해 놓고 있었다. 그래서 우리는 그녀의 갑작스러운 취소, 기분이 상한 듯한 침묵, 표정 속에서 그것을 어쩔 수 없이 느끼게 되는 것이다. 그것은 도발적인 것이며 동시에 힘든 일이고 결국은 모욕적인 것이었다. 그녀가 옳다는 것을 내가 느끼고 있었기 때문이다.

— 프랑수아즈 사강, 『슬픔이여 안녕』에서

슬픔은 '행복의 끝'이 아니라 '새로운 인생의 시작'을
예고하는 신호탄이기도 하다. 당신이 그 슬픔의
내밀한 속삭임에 충분히 귀 기울일 수 있다면. 우리가
슬픔에 굴복하지 않고 슬픔 속에서 더 깊은 생의
진실을 찾아낼 수만 있다면.

04

후회 없이 사랑하라

억압된 감정은 언젠가
귀환한다

바람직한 인간관계란 과연 무엇일까? 좌충우돌 오랜 고민 끝에 내린 잠정적 결론은 이렇다. 인간관계란 거리 두기의 기술이 아닐까. 이십 대의 나라면 상상도 할 수 없었던 결론이다. 아무리 식히려 해도 매번 속수무책으로 타오르기만 하던 청춘의 열기를 어쩔 줄 몰라 하던 시절에, 관계란 '풀 수 없는 신비'이거나 '다가갈수록 알 수 없는 그 무엇'이었다. 모든 인간관계가 맺어짐에만 집중되는 것이었다. 우정이든 사랑이든 사무적 관계이든 '잘 맺는 것'만이 중요했기에 잘 풀어내는 것,

나아가 잘 잊고 잘 정리하는 것은 불가능했다.

지금은 아무리 잘 맺어도 툭 끊어져 버리는 관계가 있다는 것을, 아무리 떼어 내도 끈질기게 맺어지는 인연이 있다는 것을 뼈아픈 경험들로 알게 되었다. 맺고 끊어짐은 의지만으로 되는 것이 아니다. 그렇다면 남은 것은 내 마음이 관계를 바라보는 시각이다. 마음의 관점에서 보면 관계는 거리 조절의 역학이다. 소중한 사람일수록 더더욱 마음의 냉정한 거리 두기가 필요하다는 것을 진심으로 받아들이게 되기까지 나는 숱한 상처의 지뢰밭을 건너야 했다.

『연인』의 책장을 넘기기 시작할 때 우리는 프랑스 출신의 가난한 백인 소녀와 검은 리무진을 탄 중국인 백만장자와의 로맨스가 도대체 어떻게 시작될까 궁금증을 느끼지만, 본격적인 러브스토리는 소설이 시작된 후 한참이 지나서야 불붙는다. 이제 노인이자 작가가 된 '나'의 입장에서 기술되는 이 이야기는 오래전 사랑의 불길로 자신의 삶을 불태웠던 한 연인에 대한 이야기다. 그러나 동시에 이 어린 소녀를 평생 '자기다운 삶'으로부터 멀어지게 했던 불행한 가족사이기도 하다.

어머니는 "반드시 글을 쓰고 싶다."는 사춘기 소녀에게 퉁명스럽게 말한다. "수학 교사 자격증부터 따고 나서 정 원하면

쓰려무나." "그건 가치도 없고, 직업이라고 할 수도 없으니 일종의 허세에 불과해." 소녀는 어머니의 마음을 곧바로 간파한다. 어머니는 나를 질투하고 있구나. 재능과 열망을 모두 갖춘 자신에 비해, 가난에 삶을 저당 잡힌 어머니에게는 꿈꿀 자유조차 없었다.

하지만 소녀는 어머니에게 연민을 표현하지 않는다. 소녀는 어머니야말로 "술술 풀리는 글쓰기"라 말한다. 딸을 평생 무시하고 큰아들만 신주단지 모시듯 했던 어머니에 대해서는 모든 감정이 정리되었기 때문이다. 그러나 자신을 여신처럼 숭배했던 한 중국인 남자의 이야기는 곳곳에서 기억의 필름이 끊기는 이야기, 아직 완전한 이야기가 되지 못한 이야기다. 그에 대해 말하려 하면 할수록 엉뚱하게도 어머니나 오빠들을 집요하게 묘사하게 된다. 백발이 성성해질 무렵이 되어서야 비로소 더듬더듬 간신히 이야기할 수 있게 된 평생의 트라우마. 그것은 바로 그 중국인과 자신의 비밀스러운 관계였다. 정말 사랑하는 것들에 대해서는 이상하게 거리를 둘 수가 없다. 하지만 상대를 위해, 또 자신을 위해 우리는 언젠가 거리를 두어야 한다. 이별하라는 것이 아니라 '그가 자신의 마음을 간직할 수 있도록' 거리를 내어 주고, 내가 내 마음을 보살필 수 있을 정도의 거리를 내어 주어야 한다.

하지만 그게 어디 말처럼 쉬운가. 소녀는 노인이 되어서조차 이 '관계의 거리 조절'에 애를 먹는다. 『연인』에서 뜻밖에 가장 많이 등장하는 단어는 '어머니'다. 소녀는 자식들 앞에서 평생 한 번도 행복한 모습을 보인 적 없는 어머니의 절망과 슬픔에 감염되었다. 아주 어린 시절부터 그녀는 불행했다. 하지만 그녀가 자신을 괴롭힌 어머니와 큰오빠를 증오하고, 그들 모두와 달리 지나치게 여리고 순수한 작은오빠를 편애하는 마음을 한껏 펼쳐 보이는 동안, 정작 제대로 관계 맺지 못하는 것은 바로 자기 자신이었다.

그녀가 모든 관계 맺기에 실패한 결정적인 이유는 바로 자신과의 관계 맺기를 제대로 해내지 못했기 때문이다. 그녀는 자존감은 높지만 자기애는 강하지 못한 독특한 성격의 소유자다. 이에 비해 많은 사람들은 사실 자존감은 낮지만 자기애가 강하다. 그래서 항상 내가 나를 사랑하는 것만큼 다른 사람도 나를 소중히 여겨 주지 않는다는 피해의식에 시달리게 된다.

『연인』의 주인공 '나'는 자존감이 하늘을 찌르면서도 자기를 진심으로 사랑하지는 않는다. 그녀는 '어린 백인 소녀가 돈 많은 중국 남자와 사랑에 빠졌다.'는 이유로 자신을 냉대하는 사람들에게 단 한 번도 주눅 들지 않는다. 지긋지긋한 가난과 큰오빠의 마약과 도박중독으로 고통받는 자신의 가족을 구하기 위해 중국인 백만장자와 의례적인 만남을 가질 뿐이라고, 자조적인 태도로 스스로를 합리화한다. 하지만 그렇게 미약한 자기애 때문에 정작 '자기 감정'의 소중함을 느낄 겨를이 없었다. 사실은 그 중국인 남자가 엄청난 재산의 상속자이기 때문이 아니었다. 그녀는 그 사람 자체에 진심 어린 애정을 느꼈던 자기 자신의 감정을 스스로 모른 척한 것이다.

그럼에도 불구하고 그 불같은 사랑은 어머니도 오빠들도 그 어떤 훌륭한 교사들도 주지 못했던 뼈아픈 통과의례를 겪게 하여, 그녀를 마침내 다이아몬드처럼 강인한 성격으로 만들어 놓는다. 『연인』의 주인공은 그 중국인 남자가 얼마나 매력적인지, 그의 손길이 얼마나 따뜻한지, 그가 자신을 바라보는 눈길이 얼마나 아름다운지를 단지 '묘사'할 뿐 그에 대한 감정은 좀처럼 표현하지 않는다. 소설의 마지막 순간에 아마 그녀는 자신의 감정을 알았을 것이다. 그녀가 여러 번 결혼과 이혼을 거듭하며 방황한 이유 또한 다시는 그처럼 진실한 사랑을 만나기 어려웠기 때문은 아닐까.

그녀는 마지막 순간까지 진짜 자신의 감정은 말하지 않는다. 자신을 평생 착취하고 괴롭혔던 어머니와 큰오빠에 대해서는 그토록 솔직하게 말하면서도, 자신을 최초로 행복하게 해주었던 남자에 대해서는 어떤 감정도 표현하지 못하는 그녀의 기이한 무능력이 가슴 시리다. 스스로의 감정과 욕망을 진정 '자신의 것'으로 받아들이지 않는 한 우리는 자기 자신에게도 영원한 타인인 것이다.

인생을 바쳐 사랑한 그 소녀에게 한 번도 다정한 고백을 듣지 못한 백만장자 중국인의 뼈아픈 고백은 이 소설의 가장 눈부신 장면이다. 그는 후회 없이 사랑했으므로 그녀보다 훨씬 행복한 사람이었다. 너무도 평범하지만, 그래서 더욱 가슴 아픈 그 남자의 고백. 그녀는 자신을 '백인 소녀'로 객관화하고 그를 '중국인 남자'로 타자화하면서 이렇게 쓴다. 그렇게 '머나먼 삼인칭의 거리'를 두지 않으면 그녀는 감정의 폭풍우를 견딜 수 없었던 것이 아닐까. "그는 잠깐 뜸을 들인 후 이렇게 말했다. 그의 사랑은 예전과 똑같다고. 그는 아직도 그녀를 사랑하고 있으며, 결코 이 사랑을 멈출 수 없을 거라고. 죽는 순간까지 그녀만을 사랑할 거라고." 그녀는 자신이 진정 자기 욕망의 주인이 되지 못했음을 스스로 알고 있었다. "나는 글을 쓴다고 생각하면서도 한 번도 글을 쓰지 않았다. 사랑한다고 믿으면서도 한 번도 사랑하지 않았다. 나는 닫힌 문 앞에서 기다리는 일 외에는 아무것도 한 것이 없다."

『연인』을 읽는 밤, 나 또한 스스로에게 묻는다. 사랑한다고 생각하면서도 사랑을 표현하지 못한 시간들, 거침없이 치열하게 살고 싶으면서도 한 번도 내 감정의 주인이 되지 못한 아픈 시간들을 곱씹는다. 우리는 언제쯤 자기 욕망의 진짜 주인이 될 수 있을까. 그런 의미에서 내게 문학과 심리학은 '내 마음에 가까워지는 길'을 밝혀 주는 마음의 등불이다. 때로는 소중한 사람의 감정을 존중해 주기 위해 거리를 두는 것, 때로는 나 자신을 제3의 눈으로 바라보기 위해 거리를 두는 것. 그 미묘한 거리 조절의 미학이야말로 심리학과 문학의 이중주가 우리에게 들려주는 마음의 하모니다.

프로이트의 모든 이론이 의심에 부쳐지더라도, "억압된 것은 반드시 귀환한다."는 뼈아픈 금과옥조만은 결코 의심할 수가 없다. 우리가 감추고 밀어내고 억누를수록 억압된 감정은 언젠가 반드시 귀환할 것이다. 내가 원하는 것, 내가 아파하는 것, 내가 사랑하고 그리워하는 것들을 숨기지 않고 억누르지 않고 억지로 망각하려 하지도 않기를. 부디 내가 나 자신의 가장 머나먼 타인이 되지 않기를.

나는 그에게 지금 우리가 느끼는 것처럼 슬픈 감정이 드는 것이 자연스러운 일이냐고 묻는다. 그는 우리가 한참 더운 대낮에 사랑을 나누었기 때문에 그렇다고 대답한다. 또 항상 끝나고 나면 비참한 것이라는 말도 덧붙인다. 그는 미소를 짓는다. 그가 말한다. "서로 사랑을 하든 사랑을 하지 않든, 항상 비참해. 이제 곧 밤이 될 텐데, 밤이면 그런 감정은 사라질 거야."

이 슬픔이 내 연인이라고, 어머니가 사막과도 같은 그녀의 삶 속에서 울부짖을 때부터 그녀가 항상 나에게 예고해 준 그 불행 속에 떨어지고 마는 내 연인이라고.

— 마르그리트 뒤라스, 『연인』에서

나는 글을 쓴다고 생각하면서도 한 번도 글을 쓰지
않았다. 사랑한다고 믿으면서도 한 번도 사랑하지
않았다. 나는 닫힌 문 앞에서 기다리는 일 외에는
아무것도 한 것이 없다.

──마르그리트 뒤라스, 『연인』에서

내 영혼의 숨은 그림자를 사랑하라

융 심리학의
눈으로 본 진전

당신이 가장 싫어하는 것들의 목록을 적어 보라. 주저 없이, 생각나는 대로, 사람과 사물과 감정과 상태를 가리지 말고 마음껏 나열해 보라. 그런 다음 왜 싫은지, 왜 미운지, 왜 혐오스러운지를 낱낱이 적어 보라. 그것을 아무도 없는 곳에서 혼자 조용히 낭독해 보자. 그러면 알게 될 것이다. 당신 안에 도사린 그림자의 실체를. 인생의 갈피를 잡지 못하고 어둠 속을 헤맬 때 조용한 길벗이 되어 준 심리학자 융은 내게 그렇게 다가와 속삭이는 듯했다. 융의 『인간과 상징』을 읽은 후에 나는 실제로 그런 글을 써 보았다. 싫어하는 것들의 목록을 헤아리며 누구에게도 보여 줄 수 없는 나만의 리스트를 적어 보았다. 시작할 때는 '외부의 살생부'였는데 끝내고 보니 '내면의 트라우마' 목록이었다. 나는 타인을 향해 분노를 쟁여 두면서, 실은 나 자신의 지울 수 없는 상처를 속절없이 곱씹고 있었다. 그 '혐오 대상 목록'을 소리 내어 읽어 보니 낯 뜨거웠지만 은밀한 쾌감이 솟아나기도 했다. 내 안의 어떤 부분, 오랫동안 짓눌려 존재 자체를 잊어버렸던 부분이 풀려 깨어난 것이다. 그것이 바로 융이 말하는 '그림자(shadow)'다. 나는 그렇게 그림자의 세계에 입문했다.

내가 좋아하는 것들, 동경하는 것들, 사랑하는 것들로만 내 의식을 지배하고 싶었던 그 시절. 나는 내가 증오하는 것들, 슬쩍 눈감고 싶었던 것들, 미처 돌보지 못한 것들이 나의 무의식을 지배한다는 것을 인정하기 어려웠다. 하지만 머지않아 의식의 핸들을 붙잡고 간신히 '나'라는 자동차를 운전하려던 내 욕망은 '무의식'이라는 도로 사정을 염두에 두지 않은 철없는 폭주족이었음을 인정하게 되었다. 그 과정은 결코 쉽지 않았다. 게다가 이런 의식과 무의식의 불화는 살아 있는 한 끝없이 지속된다. 의식과 무의식의 거침없는 대화가 가능하려면 우리는 자신의 그림자에 대해 좀 더 솔직해질 필요가 있다.

나는 제인 오스틴(1775-1817)의 소설 중에서 『오만과 편견』 보다는 『이성과 감성』을 더 좋아하는 내 취향 자체에 '그림자' 문제가 얽혀 있음을 깨달았다. 말괄량이 둘째 딸 이야기인 『오만과 편견』보다, 평생 감정을 억누르며 살아왔던 첫째 딸의 이야기인 『이성과 감성』이 내 감각의 촉수를 더 아프게 건드렸던 것이다.

맏이인 엘리너는 매사에 감정을 억제한다. 아버지의 죽음으로 어려워진 집안 생계를 책임져야 하기 때문이다. 매리앤이 첫눈에 사랑에 빠진 윌러비에 대해 모두가 우호적이지만, 엘리너만은 그 불같은 사랑에 의구심을 표현한다. "사랑한다는 증거는 있죠. 하지만 약혼했다는 증거가 없어요." 반면 둘째 딸 매리앤은 매사에 감정을 숨김없이 토로한다. 엘리너가 자신이 사랑하는 에드워드가 "꽤 미남이지 않냐?"는 질문에, 매리앤은 언니의 감정 따위는 무시하고 솔직하게 자기 느낌을 말해 버린다. "지금 당장은 아니지만 곧 미남이라고 생각할게."

엘리너와 매리앤은 아직 서로의 그림자를 인식하지 못한다. 두 사람의 사랑이 저마다 탄탄대로를 걷고 있다고 믿을 때까지는. 금방이라도 청혼할 것 같았던 윌러비가 매리앤을 버리고 돈 많은 여인을 선택하자, 매리앤은 숨겨 왔던 우울의 그림자를 드러내기 시작한다. 여름 햇살을 받아 찬란하게 빛나는 해바라기처럼 지나치게 밝았던 매리앤은 매일 음울한 곡조의 피아노를 연주하며 주변 전체를 검푸른 멜랑콜리로 물들인다.

한편 결혼까지 생각했던 에드워드에게 약혼자가 있었음을 알게 된 엘리너는 급기야 그녀의 트레이드마크인 냉철한 이성을 잃어버리기 시작한다. 융 심리학의 눈으로 보면 이들의 심경 변화는 자신의 그림자와의 진정한 대면이며, 겉으로는 '후퇴'일지 몰라도 내면의 여정에서는 분명 '진전'에 속한다. 자매들은 각자의 그림자와 접촉하기 시작하면서, 아직 한 번도 밟아 보지 못한 무의식의 세계에 입문한 것이다.

융에게 그림자란 자기 안의 '열등한 인격 부분'이다. 우리 자신의 결핍, 콤플렉스, 트라우마, 집착, 질투, 분노, 이기심과 관련된 모든 부정적인 사실들이 그림자의 세포를 구성하고 있다. 엘리너와 매리앤은 생애 처음으로 사랑에 빠졌고, 그 사랑에 잔인하게 배신당한 후 비로소 자기 그림자와 만난다. 하지만 그림자와의 만남은 의식과 무의식의 하모니로 매끄럽게 연결되지 않는다. 상처로 얼룩진 무의식의 그림자를 자신의 적이 아닌 친구로 길들이는 방법은 그림자의 목소리에 귀 기울이는 것이다. 하지만 주인공들은 그림자의 속삭임을 처음에는 거부한다.

나도 처음에는 내 그림자의 본모습을 한사코 부정했다. 나 또한 앨리노어처럼 모범적으로 살기를 강요받았지만 실은 매리앤의 자유분방한 영혼을 지닌 사람이라는 걸. 나는 의식적으로 내가 앨리노어처럼 미련하게 자신의 감정을 꽁꽁 숨기는 사람이라고 생각했지만 무의식에서는 아무리 퍼내고 퍼내도 감정이 흘러넘치는 매리앤의 화수분형 영혼을 닮았다는 것을. 나는 내 억눌린 그림자의 뿌리가 매리앤이라는 사실을 거부했다. 내가 매리앤을 미워할수록 매리앤은 내 그림자-인격이라는 사실이 확고해져 버렸다. 영화 속 어떤 인물을 보며 이상하리만치 강렬한 혐오감을 느껴 본 적 있는가? 바로 그 인물이야말로 당신의 그림자를 형상화하고 있는 최고의 스승일 것이다.

엘리너는 자신의 버림받은 처지보다는, 에드워드가 교활하고 이기적인 루시와 평생을 함께해야 한다는 상황에 절망한다. 타인에게는 한없이 사려 깊지만 정작 자신을 배려하는 방법을 모르는 엘리너는 자신을 위해서가 아니라 에드워드를 위해 눈물 흘린다. 한 번도 '나는 이것을 원한다.'고 말해 본 적 없는 사람은, 항상 동생들을 생각해서 '나는 이것을 원하지 않는다.'고 거짓말하며 살아온 맏이들은 엘리너의 슬픔에 처절하게 공감할 것이다.

나는 천성적으로 매리앤에 가깝지만 환경적으로 엘리너로 키워져서 언젠가부터 내 안에는 매리앤의 희미한 뿌리조차 남아 있지 않은 것 같았다. 윌러비로부터 버림받은 후 열병에 걸려 사경을 헤매는 매리앤을 보면서 내가 왜 그토록 눈물을 쏟았는지 처음에는 알 수 없었다.

하지만 오랜 시간이 지나 작품을 다시 읽어 보니, 매리앤이 죽음의 문턱을 넘나들 때 그토록 가슴 아팠던 이유는 내 안의 또 다른 매리앤의 죽음을 두려워해서였다. 남들 눈치 따위는 보지 않고 어디서나 분명하게 자신의 의견을 밝히는 매리앤, 언니가 집안 형편 때문에 마음고생 하는 것을 알면서도 자신이 원하는 꿈만 좇는 매리앤. 그토록 이기적이고 충동적이고 열정적인, 그러나 턱없는 순수 그 자체인, 내 안의 억눌린 매리앤을 영원히 잃어버릴지도 모른다는 공포가 나를 울게 했던 것이다. 시간이 지나 심리학의 관점으로 나를 바라보니, 내가 그토록 한 대 때려 주고 싶었던 매리앤이 실제 내 동생을 닮아서가 아니라 바로 내가 가장 사랑하지만 차마 세상에 꺼내 보일 수 없었던 내 안의 또 다른 자아, '알터에고(alter ego)'

였음을 알 것 같다.

이제 나는 내 안의 매리앤을 꾸밈없이 사랑한다. 매리앤이 나의 숨은 그림자라면, 엘리너는 내가 살아남기 위해 연기해 온 사회적 자아, 나의 페르소나다. 글을 쓸 때, 나는 엘리너인 척 침착하게 처신하면서 매리앤의 부서질 듯 덜컹거리는 영혼을 꺼내 쓴다. 그러나 엘리너는 단순한 가면이 아니다. 엘리너의 애교 없는 무뚝뚝함과 못 말리는 답답함은 나의 소중한 인격이며, 내가 죽을 때까지 벗을 수 없는 영혼의 피부다. 엘리너가 든든하게 나의 수문장으로 버티고 있기에 매리앤이 아련한 그림자로서 존재할 수 있다. 글을 쓸 때, 나는 내 안에서 오래전에 죽은 줄로만 알았던 매리앤을 남몰래 조금씩 꺼내 맘껏 뛰어놀게 한다. 눈치 보지 말고 네 감정을 말해. 자신을 검열하지 말고 스스로에게라도 제발 솔직해 봐. 가끔은 소리 내어 흐느껴도 좋아. 한때 나의 철천지원수였던 내 영혼의 그림자는 이제 나의 가장 소중한 말벗이자 멘토가 되었다. 가장 어둡고 쓰라린 그림자를 내 친구로 만드는 것, 그리하여 그림자의 어둠조차 우리 삶의 에너지로 바꾸는 것. 그것이 '나를 지키는 또 하나의 나'를 만드는 비결이다.

"누구보다도 언니가, 어머니보다도 더, 나 때문에 쓰라림을 겪었지. 내가, 오직 나만이 언니의 마음과 그 슬픔을 알았는데. 그렇지만 그게 나한테 무슨 영향을 주었지? 언니나 나한테 도움이 될 만한 연민이라고는 없었던 거야. 언니의 모범이 내 앞에 있었어. 그런데 무슨 소용이 있었어? (……) 언니가 불행하다는 것을 안 다음에도 언니 마음이 편하다고 믿었던 때보다 조금도 덜하지 않았지, 의무라거나 우정을 발휘해야 할 때마다 달아나버리기로는 말이야. 세상에 혼자서만 슬픔을 짊어진 사람처럼 굴면서, 나를 버리고 망친 그 마음만을 아쉬워하고, 언니를 나 때문에 비참한 상태로 내버려두었던 거지. 말로는 한없는 사랑 어쩌고 하면서 말이야. (……) 난 감정을 절제하고 성격도 고칠 거야. 더 이상 내 감정으로 다른 사람들을 걱정시키고 나 자신을 괴롭히지 않을 거야."

—제인 오스틴, 『이성과 감성』에서

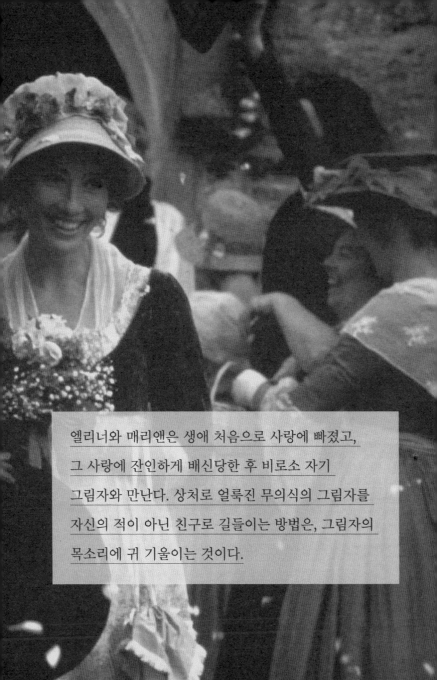

엘리너와 매리앤은 생애 처음으로 사랑에 빠졌고,
그 사랑에 잔인하게 배신당한 후 비로소 자기
그림자와 만난다. 상처로 얼룩진 무의식의 그림자를
자신의 적이 아닌 친구로 길들이는 방법은, 그림자의
목소리에 귀 기울이는 것이다.

글을 쓴다는 것의 의미

보상심리를 승화시키는
지혜

인간의 본성에서 가장 '못 말리는 부분' 중 하나가 바로 보상심리다. 결핍이나 고통을 겪고 나면 반드시 그에 대한 보상을 요구하는 본성은 수많은 폐해를 낳는다. 스트레스로 인한 쇼핑 중독에서부터 자신의 콤플렉스에 대한 보상으로 공격적인 행동을 일삼는 나폴레옹콤플렉스(Napoleon complex)에 이르기까지, 보상심리는 '내가 이렇게 고통스러운데 왜 내게는 어떤 보상도 없지?'라는 내면의 억울함을 풀어내는 모든 행동으로 확장된다. 작은 키에 대한 열등감을 보상받기 위해 수없이 전쟁을 치르고 결국 황제 자리에까지 오른 나폴레옹처럼, 보상심리는 역사를 움직이는 강력한 동기부여가 되기도 한다.

하지만 나폴레옹의 종말은 참혹하지 않았는가. 왜곡된 보상심리의 끝은 언제나 '보상받기 전보다 더 못한' 상태로 추락하는 결말일 때가 많다. 개인을 넘어 집단 차원에서 일어나는 보상심리는 과거에 대한 일그러진 향수를 낳기도 한다. '그때가 제일 좋았지, 그 시절로 돌아가면 얼마나 좋을까?'라는 식의 '고달픈 현재'에 대한 집단적 보상심리가 과거의 독재정치를 미화하는 방향으로까지 치닫기도 한다.

부모와 자식 간의 관계도 끝나지 않는 보상심리의 수레바퀴가 되기 쉽다. 자신이 이루지 못한 꿈을 자녀에게 투사하는 부모들이 얼마나 많은가. '내가 좀 더 체계적인 교육을 받았다면 내 인생은 달라지지 않았을까.' 하는 생각 때문에 자녀에게 공부뿐 아니라 온갖 취미나 교양 등의 각종 사교육을 습득하게 하고, 아이들이 힘들다고 짜증을 내면 '이게 다 널 위한 거야.'라고 주장하는 부모들. '내 인생은 이렇게 되었지만 너는 그렇게 살면 안 돼.'라는 생각 때문에 자녀에게 공부뿐 아니라 온갖 인생의 행로까지 사사건건 간섭하는 부모들은 사랑이라는 이름으로 자신의 욕망을 충족하는 일그러진 보상심리를 보어 준다.

장남에게서 자신의 이상을 충족하지 못한 부모들이 둘째, 셋째에게 '형이 해내지 못한 것들'을 요구하는 경우도 있다. 보상의 수레바퀴는 본디 '끝'이 없어서, A에게서 이루지 못한 욕망을 B로 채우려는 심리는 B에서 C로, C에서 D로 끊임없이 전이된다. 이 끊임없이 결핍을 느끼는 자신의 내면에 문제가 있는데도, 정작 당사자는 자신의 마음 깊은 곳을 들여다보려 하지 않는다.

박완서(1931-2011)의 『그 많던 싱아는 누가 다 먹었을까』에 등장하는 엄마와 딸의 관계도 바로 이런 보상심리가 충족되지 않아 끊임없이 갈등하는 두 모녀의 이야기로 읽을 수 있다. '서울의 큰 병원'으로 갔다면 살려낼 수 있었던 남편이 시골의 열악한 의료 환경 때문에 일찍 죽었다고 생각하는 엄마. 엄마는 딸만은 서울에서 남 보란 듯이 '신여성'으로 키우고 싶다는 생각에 홀로 된 며느리의 급작스러운 서울행을 뜯어말리는 시부모를 뒤로한 채 서울로 향한다. 문제는 엄마의 이런 독단적인 행동이 딸인 '나'에게 지울 수 없는 상처를 남겼다는 것이다.

자신의 외모 중에서 가장 자신 있었던 삼단 같은 머리카락을 엄마는 딸의 의사도 묻지 않고 그야말로 '싹둑' 잘라 버린다. "서울 아이들은 다 그렇게 한다."는 게 이유다. 본인의 의견도 묻지 않고 딸의 머리 모양을 느닷없이 상고머리로 만들어 버린 엄마의 행동은 '나는 내 딸을 서울로 데려갈 테니 시부모님은 말리지 말라.'는 강력한 의사 표현이기도 했다. 하지만 정작 딸과 아들을 데리고 천신만고 끝에 정착한 서울은 결코 엄마의 보상심리를 제대로 채워 주지 못한다.

'나'는 고향 박적골에서는 부족한 것 없이 그야말로 풍요롭게 자랄 수 있었지만, 서울 현저동에서는 가족이 빈곤층으로 전락해 버렸다는 사실을 깨닫는다. 시골에서는 조부모의 무조건적인 사랑과 자연이라는 풍요로운 보물창고로 인해 부족함을 느낄 겨를이 없었다. 하지만 서울에서는 딸을 '좋은 초등학교'에 보내기 위해 주소까지 속인 엄마의 모습을 보며 혹시나 자신의 진짜 주소를 아이들에게 들킬까 봐 노심초사하는 소녀가 되어 버린다. 서울로 올라간 것도 엄마의 뜻, 집에서 멀리 떨어진 학교로 주소까지 속여서 보낸 것도 엄마의 뜻이었기에 딸의 가슴에는 원망이 쌓이기 시작한다. 엄마의 가슴속에 콕 박힌 그 '서울 지향성'과 '신여성 콤플렉스'가 딸에게는 고향의 사랑하는 모든 것들을 한꺼번에 잃어버리는 상실감을 초래한 것이다.

'나'의 오빠 또한 어머니의 보상심리에서 자유롭지 못했다. 아버지가 일찍 돌아가시고, 일찍부터 가장이 되어야 했던 오빠는 학교를 졸업하자마자 취업을 해서 어머니를 기쁘게 해 드린다. 하지만 그 행복도 잠시, 한국전쟁이 터진 뒤 오빠가 포탄에 다리를 다치고 서울에서 유일한 의지처였던 숙부마저 돌아가시자 온 집안은 쑥대밭이 된다.

그토록 북적이던 서울이 이제는 완서네 가족만 남고 텅 비어 버린다. 모두가 피난을 가 버린 것이다. 다리를 다쳐 꼼짝 못 하는 오빠와 이제 해산한 지 얼마 되지 않은 올케까지 있으니 피난조차 여의치 않다. 착하고 모범적이었던 오빠는 갑작스러운 전쟁과 자신의 부상으로 심각한 트라우마를 겪고, 그렇게 강인하고 씩씩했던 어머니마저 패닉 상태에 빠진다. '서울'과 '신여성'을 향한 엄마의 꿈은 이렇게 끝이 나는 걸까.

아들이 다리 부상 때문에 가장으로서의 지위를 상실하자 어머니의 보상심리는 이제 온통 딸에게 쏠리게 된다. 이렇듯 보상심리가 폭발하는 순간은 바로 치명적인 위기에 처했을 때다. 지금까지 집안에서 귀염받는 막내이자 늘 결국에는 어른들의 보호를 받는 수동적인 위치에 머물렀던 '나'는 지금까지의 모든 억눌린 세월을 한꺼번에 보상받기라도 하듯 새로운 가장의 지위에 올라선다. 모두가 피난 가 버리고 텅 빈 저 빈집들을 다 털어서라도 이 늘어난 대가족을 어떻게든 먹여 살려야겠다는 강한 의지가 샘솟기 시작한다. 그녀는 그토록 수많은 사람들로 북적이던 서울이 순식간에 텅 비어 버린 그 순간의 충격 속에서 바로 일생을 뒤흔드는 중요한 결심을 한다. '바로 이 순간을 기록하는 작가가 되어야 한다.'는 열망이 꿈틀거리기 시작한 것이다. 이 커다란 도시에 오직 우리 가족만 남았다는 것, 이 거대한 폐허를 보는 것이 나 혼자뿐임을 깨달은 '나'는 이렇게 생각한다.

앞으로 언젠가 글을 쓸 것 같은 예감, 그 예감으로 인해 공포를 이겨낼 수 있었다는 '나'의 고백은 언제 읽어도 뭉클하다. "조금밖에 없는 식량도 걱정이 안 됐다. 다닥다닥 붙은 빈집들이 식량으로 보였다. 집마다 설마 밀가루 몇 줌, 보리쌀 한두 됫박쯤 없을라고. 나는 벌써 빈집을 털 계획까지 세워 놓고 있었기 때문에 목구멍이 포도청도 겁나지 않았다." '시골'과 '구시대의 여성'이라는 울타리로부터 탈출하고 싶었던 엄마의 보상심리는 기대만큼 충족되지 않았지만, 전쟁으로 인해 촉발된 그 모든 고약한 우연에 대한 정당한 복수의 방법을 '작가의 길'에서 찾은 딸의 지혜로 이 이야기는 뜻밖에 해피엔딩을 맞느다. '작가가 된다는 것'은 그 모든 슬픔과 고통마저도 아름다운 이야기의 소재로 만드는, 모든 끔찍한 불행에 대한 정당한 복수의 길이었다.

보상심리의 한계는 자기 내부의 치유 능력을 상실하고, 상처의 진통제를 자기 바깥에서만 찾으려 한다는 점이다. 스스로의 노력과 인내로 얻어낸 명예조차 때로는 위태롭게 무너져 내리는데, 하물며 잘난 자식을 통해 얻어낸 의존적 자긍심이라면 얼마나 허약한 모래성일까. '이게 다 널 위한 거야.'라며 자녀의 인생을 '사랑'이라는 이름의 가혹한 쇠사슬로 옭아매지 말자. 모성애 또는 부성애의 탈을 쓴, 답답한 자기 인생에 대한 일그러진 보상심리가 '부메랑키드와 헬리콥터맘'의 영원한 애증관계를 만든다.

부디 엄마들이여, 이 세상에서 받지 못한 것을 아들딸에게서 받아내려 하지 말자. 우리 자신이 진짜 원하는 것은 오직 자신의 인생 내부에서만 얻을 수 있으므로. 때로 '사랑'이란 이름의 올가미는 지독한 보상심리의 다른 이름이기도 하니까.

　　나만 보았다는 데는 무슨 뜻이 있을 것 같았다. 우리
만 여기 남기까지 얼마나 많은 고약한 우연이 엎치고 덮
쳤던가. 그래, 나 홀로 보았다면 반드시 그걸 증언할 책무
가 있을 것이다. 그거야말로 고약한 우연에 대한 정당한
복수다. 증언할 게 어찌 이 거대한 공허뿐이랴. 벌레의
시간도 증언해야지. 그래야 난 벌레를 벗어날 수가 있다.

— 박완서, 『그 많던 싱아는 누가 다 먹었을까』에서

슈퍼에고의 긍정 에너지를 찾아라

충동사회에서
초자아의 역할

인간은 왜 잘못인 줄 뻔히 알면서도 나쁜 행동을 하는 걸까? 인간은 왜 사악한 행동을 하고 있는 영화나 소설 속 주인공을 보면서 매력을 느끼기까지 하는 걸까? 장르소설 중 범죄소설이 늘 인기몰이를 하는 것은 범인 잡는 천재 형사 셜록 같은 '정의로운' 인물의 매력 때문만은 아니다. 사람들은 추리소설을 통해 '안전한 방식으로' 타인의 악의와 사악한 행동을 엿보는 은밀한 쾌락을 즐긴다. 그것은 숨기고 싶지만 어쩔 수 없는 인간의 본성이다.

지킬박사의 알터에고(분신)인 하이드의 끔찍한 악행들, 프랑켄슈타인 박사가 만든 괴물이 저지르는 잔혹한 범죄들을 바라보면서 독자는 인간은 누구나, 그러니까 나 자신조차 최악의 상황에 처한다면 저런 일을 저지를 수도 있음을 아프게 깨닫는다. 악의 충동은 인류의 집단적인 그림자다. 악의 충동과 싸우는 것이 바로 슈퍼에고(초자아)인데, 이 슈퍼에고는 때로는 '지나친 간섭'으로 인간의 모든 욕망을 가로막지만, 때로는 우리가 달콤한 악행의 유혹에 빠지지 않도록 정신을 꽉 붙들어주는 역할을 한다.

말초적인 충동만으로 행동하며 타인의 존재를 배려하지 않는 사람들이 점점 많아지는 충동사회(Impulse Society)에서 절실한 것은 바로 이 긍정적인 의미의 슈퍼에고다. 이렇게 하면 부모님이 화내실 거야, 이런 행동을 하면 사람들이 이상하게 쳐다볼 거야…… 이런 초자아의 시선이 긍정적인 방향으로 작동한다면 우리가 더 좋은 사람이 되도록, 더 성숙한 인격을 추구할 수 있도록 돕는 정신의 촉매 역할을 한다.

그런데 이 초자아의 딜레마는, 사람들이 초자아의 간섭이 적을수록 나는 행복해진다고 생각하는 데 있다. 내 안의 또 다른 나의 시선이 나를 가로막고 있다고 여길 때, 사람들은 그 시선만 없다면 나는 좀 더 자유로울 수 있지 않을까 하는 일탈의 욕망을 느낀다. "저 사람 살짝 나사가 풀렸다."라고 말할 때, 바로 그 '나사'가 슈퍼에고에 가까운 것이다. 『무진기행』의 윤희중이 자신의 고향 무진에만 가면 느끼는 감정이 바로 그 것이다.

평소 나 자신의 에고를 단단하게 조이던 바로 그 나사가 풀려 버리는 느낌. 특산물이라고는 희끄무레한 안개밖에 없는 이 삭막한 도시 무진에만 가면 이상하게도 윤희중은 고삐 풀린 야생마가 되어 버린다. 윤희중은 서울에서 돈 많은 아내의 비호 아래 쾌속승진을 하고 있는 유능한 인재다. 아내의 기대를 충족시켜야 한다는 강력한 슈퍼에고의 감시 속에서 제약 회사의 전무 승진을 앞둔 채, 그는 잠시 고향 무진으로 내려온다.

고향에서 그는 가장 출세한 인물로 알려져 있지만, 사실 '무진' 하면 그에게 가장 먼저 떠오르는 기억은 한국전쟁 당시 징집을 피해 골방에 숨어 우울한 나날을 보내던 때였다. 아들을 전쟁에 총알받이로 보내지 않으려는 어머니의 강한 의지가 그런 상황을 만들었지만, 정작 윤희중은 '차라리 전쟁에 나가는 것이 낫겠다.'고 생각할 정도로 자기혐오에 빠져 있었다. 그런데 시간이 지날수록 무진은 신기하게도 모든 거짓된 페르소나를 벗고 진정한 자신의 그림자와 만나는 장소가 되어 간다. 그는 서울에서 깊은 상처를 입을 때마다 무진으로 간다. 그곳에서 며칠 게으르게 뒹굴고, 누구에게도 잘 보일 필요 없이 느슨하게 풀어진 생활을 하다가 서울로 돌아올 즈음에는 다시 말끔한 페르소나를 회복한다. 무진은 그에게 진정한 나 자신이 되는 곳이자, 모든 거짓된 페르소나를 벗어 버리는 부활과 정화의 공간이다.

그런데 이 고삐 풀린 자아는 자꾸만 '틀린 선택'을 한다는 게 문제다. 페르소나로부터 벗어나 '그림자'와 대면하며 자신의 슬픔과 상처를 극복하기 위해 싸우는 것은 결코 쉬운 일이 아니다. 윤희중은 음악선생 하인숙을 만나면서 자신의 또 다른 자아, 즉 젊은 시절의 알터에고를 만나는 듯한 슬픈 착시에 빠지지만 그 만남을 자꾸 나쁜 방향으로 끌고 나간다. 그에게는 적어도 세 번의 기회가 있었다. 하인숙이라는 매력적인 여성과의 만남을 '충동적인 남녀관계'로 추락시키지 않고 서로의 상처를 어루만져 주고 각자 더 나은 삶을 살 수 있도록 도울 기회가. 하지만 그 모든 기회를 윤희중은 허망하게 날려 버린다.

윤희중이 자신의 그림자와 진정으로 대면하고 스스로의 트라우마를 극복할 첫 번째 기회. 그것은 윤희중의 후배 '박'이 하인숙을 남몰래 좋아한다는 것을 알았지만 하인숙의 마음은 자신에게 기울어지고 있을 때였다. 그때 윤희중은 박의 순수한 마음을 알면서도 하인숙의 마음을 은근슬쩍 받아 주었다. 그가 하인숙을 향한 충동적인 호기심을 누르고 시골학교에서 음악교사로 살아가며 박탈감에 시달리는 그녀의 고민을 그저 지혜로운 큰오빠처럼 들어 주기만 했다면, 하인숙은 상처 입은 마음으로 무진에 홀로 남겨지지 않았을 것이다.

윤희중이 진정한 자신의 그림자와 만날 수 있었던 두 번째 기회. 그것은 읍내 술집 여자가 청산가리를 먹고 자살했다는 소식을 들었을 때다. 윤희중은 하얀 다리를 내놓고 뻣뻣하게 굳어 가는 여인의 시체를 바라보며 그 쓸쓸한 죽음이 남의 일 같지 않다고 여긴다. "갑자기 나는 이 여자가 나의 일부처럼 느껴졌다. 아프긴 하지만 아끼지 않으면 안 될 내 몸의 일부처럼 느껴졌다." 무의식의 절박한 메시지는 우리가 밤에 꾸는 꿈 뿐 아니라 외부세계에서도 도착하곤 한다.

자신과는 아무 연고도 없는 '자살한 여성의 시체'가 바로 자기 자신의 일부처럼 느껴질 정도로, 그의 에고는 예민하게 타인의 아픔을 향해 촉수를 드리우고 있다. 그럼에도 불구하고 그는 "아프긴 하지만 아끼지 않으면 안 될 내 몸의 일부"였던 그녀의 죽음이 보내는 메시지를 지나친다. 그녀의 죽음은 어쩌면 지금 이 기회를 놓치면 진정한 자기(Self)와 만날 수 있는 길을 영원히 놓칠지도 모른다는 경고음이 아니었을까?

윤희중이 자신의 숨은 그림자와 만날 수 있는 세 번째 기회. 그것은 바로 아내로부터 전보가 왔을 때였다. 아내는 경영진과 모의하여 남편 윤희중을 전무로 승진시킬 기회를 노리고 있었고, 드디어 '서울에 급한 회의가 있다.'는 이유로 남편의 상경을 독촉한다. '무진의 안개' 속에서 진정한 자아를 찾아 헤매던 그의 방랑은 그저 '여행자의 일시적인 일탈'일 뿐이라고, 전보는 말하고 있었다. 윤희중은 '전보의 눈'을 피해 하인숙에게 편지를 쓴다. "사랑하고 있습니다. 왜냐하면 당신은 저 자신이기 때문에, 적어도 제가 어렴풋이나마 사랑하고 있는 옛날의 제 모습이기 때문입니다." 그러나 그 '진실한 자기'가 빼곡히 담긴 소중한 편지를 자기 손으로 찢어 버린다. 그는 전보의 눈, 그러니까 세속적인 자아의 손을 들어 줌으로써 하인숙과 나눈 모든 사랑의 밀어들을 스스로 삭제해 버린 것이다.

하지만 『무진기행』은 독자에게 또 한 번의 기회를 준다. 윤희중이 '박'을 통해 순수한 문학청년 시절의 자아를 보고, 하인숙을 통해 징집을 피해 은거하던 젊은 시절 자신의 분신을 보고, 술집 여자의 주검을 통해 절망의 끝에 다다른 자신의 또 다른 모습을 보았다는 것만으로, 우리는 그 모든 인물들을 통해 '우리 자신의 또 다른 자아'를 발견한다. 문학은 그렇게 '내가 가지 못한 다른 길'을 마음속으로나마 휘청거리며 걸어 보게 만드는 아름다운 상상의 오솔길이기에.

"27일 회의 참석 필요, 급상경 바람, 영." (······) 나는 내 호흡을 진정시키려고 했다. 아내의 전보가 무진에 와서 내가 한 모든 행동과 사고를 내게 점점 명료하게 드러내 보여 주었다. 모든 것이 선입관 때문이었다. 결국 아내의 전보는 그렇게 얘기하고 있었다. 나는 아니라고 고개를 저었다. 모든 것이, 흔히 여행자에게 주어지는 그 자유 때문이라고 아내의 전보는 말하고 있었다. 나는 아니라고 고개를 저었다. 모든 것이 세월에 의하여 내 마음속에서 잊힐 수 있다고 전보는 말하고 있었다. 그러나 상처가 남는다고, 나는 고개를 저었다. 오랫동안 우리는 다투었다. 그래서 전보와 나는 타협안을 만들었다. 한 번만, 마지막으로 한 번만 이 무진을, 안개를, 외롭게 미쳐 가는 것을, 유행가를, 술집 여자의 자살을, 배반을, 무책임을 긍정하기로 하자. 마지막으로 한 번만이다. 꼭 한 번만. 그리고 나는 내게 주어진 한정된 책임 속에서만 살기로 약속한다.

— 김승옥, 『무진기행』에서

악의 충동은 인류의 집단적인 그림자다.

악의 충동과 싸우는 것이 바로 슈퍼에고(초자아)인데,

이 슈퍼에고는 때로는 '지나친 간섭'으로 인간의

모든 욕망을 가로막지만, 때로는 우리가 달콤한

악행의 유혹에 빠지지 않도록 정신을 꽉 붙들어

주는 역할을 한다

2부

타인의 상처에
비친 내 얼굴

나와 닮은 상처를 지닌 타인을 바라보는 순간, 우리의
상처는 흠칫 놀란다. 타인의 상처라는 거울에 비친
내 상처의 투명한 민낯을 바라보게 되기 때문이다.
우리는 필연적으로 나와 닮은 상처를 지닌 사람에게
이끌린다. 그것은 매혹과 증오의 양가감정이기도
하다. 내 상처의 데칼코마니 같은 그 사람의 인생에
개입하고 싶은 충동과 결코 그 상처의 기억을
되살리고 싶지 않은 충동이 격렬하게 사투를 벌인다.

우리가 느끼는 사랑이나 우정의 감정, 혹은 낯선
사람에게 느끼는 신비로운 연대감은 바로 '타인의
상처라는 거울에 비친 나 자신의 상처'를 바라보는
아픔에서 비롯된다. 본능적이며 개인적인 그 아픔이
마침내 사회적인 연대감으로 확장될 때 비로소
우리는 자신의 상처뿐 아니라 타인의 상처도 치유할
수 있게 된다

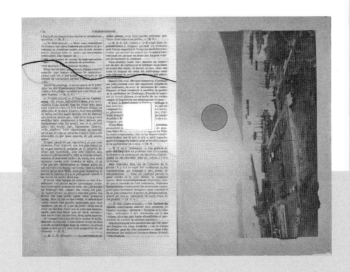

'상처의 진원지'를 찾아라

'은밀한 기쁨'이
주는 함정

인간은 왜 똑같은 실수를 반복할까. '이제 다시는 안 그래
야지.' 하면서도 비슷한 패턴으로 실수를 저지른다. 예전에 좋
아했던 사람과 닮은 사람을 또다시 사랑하게 되는 것이다. 심
지어 헤어졌던 그 사람과 다시 만나 똑같은 상처를 반복하기
도 한다. 그와의 만남과 이별 속에서 엄청난 상처를 입었음에
도 불구하고, 사람들은 또 비슷한 사람에게 끌린다. 이것은 일
종의 정신적 퇴행이다. 실수를 극복하고 앞으로 전진하지 못하
고 다시 실수 속으로 뒷걸음친다. 프로이트는 이런 심리적 '퇴

행'을 '재생'이라고도 불렀다.

그렇다면 무엇이 재생되는 것일까? 바로 '기쁨'이 재생된다. 정신적 퇴행 속에는 은밀한 기쁨이 숨어 있기 때문이다. 그 사람에게 심각한 상처를 입었는데도, '그 사람을 좋아했던 기억' 속에는 그 무엇과도 바꿀 수 없는 온갖 총천연색 기쁨이 내재해 있기 때문이다.

하지만 이 은밀한 퇴행적 기쁨은 안타깝게도 우리 자신을 파괴하는 기쁨이다. 예전과 비슷한 패턴으로 당신에게 상처를 주는 연인은 이번에도 똑같은 방식으로 당신의 가슴을 산산조각 낼 것이므로. 정신분석은 바로 이 지긋지긋한 '반복'으로부터 인간을 해방시키는 도구다. 항상 똑같은 잔소리를 반복하는 엄마들은 자식을 올바로 키우겠다는 일념도 있지만, 스스로가 과거의 상처로부터 벗어나지 못했기 때문에 비슷한 문장을 되풀이하는 것이다.

예컨대 제발 공부 좀 하라는 잔소리를 심각하게 반복하는 부모는 자신이 공부로 인해 콤플렉스를 느꼈던 과거의 기억으로부터 자유롭지 못한 경우가 많다. 반면 '아이를 많이 칭찬하는 부모'가 되어야 한다는 의식적인 강박 뒤에는, '부모에게 제대로 인정받지 못한 과거의 상처에서 벗어나지 못하는 자기 자신'의 문제가 숨겨져 있는 경우가 많다. 때로는 아이를 따끔하게 혼내지 못하고 내 아이 기죽는다며 자식의 나쁜 습관을 방치하는 부모도 마찬가지다. 자기 부모와의 잘못된 애착관계로부터 비롯된 상처를 반복하는 것이다. 이 괴로운 반복으로부터 우리 자신을 구하기 위해서는 내 상처의 진원지를 찾아내 그 아픔의 패턴을 살펴봐야 한다.

영화 「어웨이 프롬 허」의 원작소설로 잘 알려진 앨리스 먼로(1931~)의 『곰이 산을 넘어오다』는 이 징글징글한 '반복'과 '퇴행'이 인간의 삶을 어떻게 파괴하는지를 생생히 보여 준다. 대학 교수였던 남편 그랜트와 그의 사랑스러운 아내 피오나는 겉으로 보기엔 더할 나위 없이 평화로운 삶을 꾸리고 있었다. 하지만 피오나가 알츠하이머에 걸리면서 두 사람의 행복한 삶은 산산조각 난다. 피오나는 부엌 바닥에 남은 검은 얼룩을 문지르면서 이렇게 말한다. "이제는 다 괜찮을 줄 알았는데."

소설을 다 읽고 나면 이 장면이 무척 의미심장한 상징이었음을 알게 된다. 두 사람은 거의 50년간 행복한 결혼생활을 한 것처럼 보이지만, 알고 보면 그랜트는 젊은 시절 수없이 바람을 피워 피오나의 삶을 송두리째 짓밟았다. "이제는 괜찮은 줄 알았던" 것은 단지 마룻바닥이 아니라 '이제 다 나은 줄 알았던' 피오나 자신의 깊은 상처였던 것이다.

아내 피오나를 치매 환자를 위한 요양원에 보낸 남편 그랜
트는 괴로워한다. 아내가 점점 자신으로부터 멀어지는 아픔을
소름 끼치게 경험하기 때문이다. 과연 피오나는 빠른 속도로
남편의 존재 자체를 잊어버렸고, 마치 남편이 보란 듯이 요양
원에서 '다른 남자'를 만나기 시작한다. 그랜트가 보기에는 전
혀 그녀가 좋아할 만한 스타일이 아닌 남자 오브리와 너무도
행복한 미소를 짓는 피오나. 그랜트는 마치 자신의 방탕한 젊
은 시절에 대한 복수를 이제야 당하는 듯한 끔찍한 고통을 맛
본다.

피오나는 알츠하이머를 앓으며 자신에게 소중했던 모든 것
을 잊어버리는 정신적 '퇴행'을 겪지만, 그 안에서 행복해 보일
뿐 아니라 어쩐지 짜릿한 쾌감마저 느끼는 듯하다. 항상 누군
가의 완벽한 아내로 품격 있고 우아하게 살아가기 위해 억압
해야 했던 자신의 참혹한 고통, 남편에게 배신당한 아내의 슬
픔은 수십 년이 지나도 아물지 않은 상처로 무의식에 선명하
게 각인되어 있었던 것이다.

요양원에서 아내는 오브리라는 새로운 치매 환자와 함께
행복한 나날을 보낸다. 하지만 그랜트는 아내가 뭔가 자신 앞

에서 연기를 하고 있다는 망상에 사로잡힌다. 나에게 고통을 주기 위해 아내가 '기억을 잃어버린 척'하는 것은 아닐까. 아내가 너무도 행복해 보여서, 그녀가 완전히 자신을 잊은 것처럼 보이기 때문에 그는 아내에게 못할 짓을 저지른 자신의 과거가 더욱 찔리기 시작한다. "이따금씩, 놀라게 돼요. 혹시 아내가 가면을 쓰고 있는 건 아닐까 해서요." 하지만 오히려 반대가 아닐까. 괜찮은 척, 다 나은 척 살아왔던 '멀쩡한 날들'이 오히려 피오나의 쓰라린 가면이 아닐까.

그는 아내가 자신에게 복수하고 있다고, 자신에게 뒤늦은 형벌을 내리는 거라고 아내를 원망해 보지만, 사실은 자기 자신조차 용서하지 못한 것 같다. '행복한 부부'로 살아가기 위해 그들은 과거의 상처를 서둘러 봉합해 버렸고, '다 잊은 척, 괜찮은 척' 살아왔던 수십 년은 아내의 상처를 치유하는 데 전혀 도움이 되지 않았다.

그랜트는 수십 년 동안 아내가 느꼈을 깊은 배신감과 좌절감, 상처 입은 자존감, 믿었던 모든 세계가 무너지는 절망감을 그제야 속속들이 느끼기 시작한다. 그랜트는 처음으로 자신의 요구가 아닌 아내의 요구에 귀 기울이기 시작한다. 아내는 정말 다른 사람을 사랑하며 행복해 보였기에 그는 마침내 아내에 대한 집착을 버리기로 한다. 사랑하지만 놓아주기로 결정한 것이다.

당신이 나를 버려서 행복하다면, 당신이 나를 떠난 뒤 진심으로 기쁘다면 당신을 그저 멀리서 바라보는 것만으로 만족하겠다고. 그랜트는 마치 아름다운 여배우를 남몰래 스토킹하는 무력한 열성팬처럼 변해 버린 자신의 신세가 서럽고 처량하지만, 아내를 사랑하는 더 커다란 길을 생각하기 시작한다. 그러자 놀라운 반전이 일어난다. '난 당신 따윈 몰라, 가 버려요.'라는 표정으로 그를 낯선 사람처럼 대하던 아내가 갑자기 남편을 기억하기 시작한 것이다. 아내는 마치 이제는 통쾌한 복수가 말끔하게 끝났다는 듯이, 아무렇지 않은 표정으로 그랜트를 맞아들인다.

"당신이 와 줘서 기뻐." 피오나는 그의 귓불을 친근하게 잡아당기며 원망하는 말투로 말한다. "당신이 그냥 떠나 버린 줄 알았잖아. 나 따윈 관심도 없이, 그냥 버리고 떠난 줄 알았잖아. 나를 팽개치고. 나를 버리고." 그녀는 마치 과거에 남편이 자신을 저버린 것을 '묘사'하듯 또박또박 힘주어 말한다. 당신이 나를 버리고 떠난 줄 알았지만 이제라도 돌아와 줘서 기쁘다고.

피오나는 정말 '기억을 잃은 척' 연기한 것일까. 그녀의 알츠하이머는 명백한 사실이었지만, 그녀가 남편을 잊은 척하고 다른 남자와 사랑에 빠진 것은 어쩌면 발칙한 연기일 수도 있다. 중요한 것은 그녀가 상처를 '반복'하는 일을 이제야 멈췄다는 것이다. 수십 년 동안 남편을 원망하고, '당신이 증오스럽다.'는 말조차 제대로 하지 못했던 그녀가 통쾌한 복수극 한 번 와자하게 치르고 나서는, 마치 한바탕 씻김굿을 한 듯 트라우마로부터 회복되었다는 것이다. 알츠하이머는 완치될 수 없지만 트라우마는 치유될 수 있다. 우리가 자신의 상처와 진정으로 대면할 수만 있다면. 깜찍한 연기를 해서라도, 한바탕 복수극을 해서라도 내 안의 상처를 소중하게 보살필 수 있는 용기만 있다면.

소리치며 꿈에서 깨어난 그랜트는 현실과 허구를 구별해 보려고 노력했다.

실제로 편지가 하나 왔었다. 그의 연구실 문 앞에 누군가 검은 페인트로 '쥐새끼'라고 적어 두기도 했다. 그와의 심각한 관계 때문에 고통받는 여학생에 대한 이야기를 들은 피오나가 꿈속에서 한 말과 거의 똑같은 말을 한 적도 있었다. 그러나 꿈속에 등장했던 동료는 모르는 사람이었고 상복을 입은 여자들이 강의실에 나타났던 일도 없었다. 무엇보다 아무도 실제로 자살을 저지르지 않았다. 커다란 스캔들 없이, 그랜트는 사실상 그 상태로 한두 해 더 지냈더라면 일어났을 일들을 다행히도 피해 갈 수 있었다. 그러나 소문들은 돌았다. 냉담한 표정들도 점점 더 눈에 띄었다. 크리스마스 파티 초대도 뜸해졌고 송년 파티도 역시 초대하는 사람이 없었다. 술에 취한 그랜트는 피오나에게 새 삶을 약속했다. 그녀에게 모든 것을 고백할 필요는 없었다. 아, 고백이라는 실수를 저지르지 않은 것은 얼마나 다행한 일인가.

— 앨리스 먼로, 『곰이 산을 넘어오다』에서

물론 그는 피오나를 속였다. 그러나 다른 이들처럼
모든 걸 고백하고 피오나를 떠나는 것이 더 나은
일이었을까?

— 앨리스 먼로,『곰이 산을 넘어오다』에서

09

'내 안의 적'을 직시하라

방어기제,
어리석은 자기기만

나는 중학교 2학년 때 스칼릿을 처음 만났다. 그녀는 내가 그동안 알아 온 여인들 중 가장 이기적이고 탐욕스러운 캐릭터였다. 영화 「바람과 함께 사라지다」의 여주인공 스칼릿의 첫인상은 한마디로 '밉상'이었다. 사춘기 소녀의 눈에 비친 스칼릿은 자신감이 너무 넘쳐서 오히려 좀 멍청하고 덜떨어져 보이는 여자였다. 하지만 '잊을 수 없는 한 여자의 눈빛'이라는 테마로 사진을 100장쯤 모은다면, 그녀는 항상 내 마음속 톱 10 안에 들었다. 역사상 가장 매력적인 여주인공 톱100을 뽑

더라도 그녀는 항상 순위 안에 들 것이다. 그녀는 결코 바람직한 여인상은 아니었지만, 어쩌면 그래서 더욱 매혹적이었다. 나는 그녀를 의식적으로는 혐오했지만 무의식 속에서는 질투하고 있었다. 하루만이라도 그녀처럼 원하는 것을 거침없이 쟁취하고, 꾸밈없이 욕망을 발설하고, '규칙'이 아닌 '열망'의 이름으로 살아 보고 싶었다. 그런데 오랜 시간이 지나 소설 원작을 찾아 읽어 보니 그녀의 과도한 자신감 또한 일종의 뼈저린 콤플렉스임을 알게 되었다.

스칼렛은 집안뿐 아니라 마을 전체에서 공주처럼 떠받들리며 자랐지만, 남북전쟁으로 집안이 초토화되어 굶주림에 시달리게 되자 가족은 물론 첫사랑 애슐리네 가족까지 먹여 살릴 정도로 씩씩한 여인이다. 애슐리의 부인 멜라니가 아기를 무사히 낳을 수 있도록 목숨 걸고 그녀를 지켜 주었으며, 강간을 당할 뻔한 순간에도, 살인을 당할 뻔한 순간에도 재치와 용기를 발휘해 멋들어지게 상황을 모면한다. 그녀는 남들 앞에서는 더없이 용감했다. 하지만 정작 자신의 마음은 제대로 돌보지 못한다. 반평생을 나약한 지식인 애슐리만 바라보며 살아왔으나, 언젠가부터 불한당처럼 보이지만 마음은 한없이 열정적인 레트를 사랑하고 있었다는 사실을 쉽게 인정하지 못한다. 방탕하고 거침없는 레트는 그때까지 그녀가 쌓아온 페르소나의 이미지에 맞지 않기 때문이 아닐까.

남북전쟁은 공주처럼 자란 그녀의 보들보들한 겉모습에 감춰진 강인한 생존본능과 화려한 리더십을 수면 위로 끌어냈다. 동시에 그녀 안에 숨겨진 탐욕과 잔혹성을 일깨우기도 했다. 어떻게든 무너진 집안을 일으켜야겠다는 생각에 골몰한 스칼릿은 수단과 방법을 가리지 않고 떼돈 벌 궁리만 한다. 동생의 약혼자를 빼앗아 결혼하고, 그의 제재소를 자기 것처럼 주무를 뿐 아니라, 심지어 죄수들의 노동력을 착취해 모두의 지탄을 받으면서도 끝내 부자가 되는 데 성공한다. 레트는 뒤늦게 자신에게 매달리는 스칼릿에게 이렇게 말한다. "당신은 당신을 사랑하는 모든 사람들에게 너무 잔인했어, 스칼릿. 당신은 당신을 사랑하는 사람들의 사랑을 빼앗아 마치 채찍처럼 그들 머리 위에서 휘둘렀다고."

그녀는 줄곧 애슐리를 사랑해 왔다고 믿었다. 하지만 그 사랑이 실은 마음속에 '이상적인 모형'을 만들어 놓고 그 완벽한 모형에 현실의 애슐리를 끼워 맞추려는 환상 놀음이었다는 걸 깨닫지 못한다. 우여곡절 끝에 레트와 결혼한 후에도 끝없이 애슐리를 그리워하며 레트의 자존심을 짓이겨 버린 스칼릿은 좌절할 때마다 이렇게 스스로를 방어한다. "지금은 그만 생각하자. 내일 다시 생각하자." 애슐리와의 은밀한 포옹 장면을 만천하에 들키고도 그녀는 도망칠 궁리만 한다. "지금은 생각하지 않을 거야. 그것을 견뎌 낼 여유가 생긴 다음에, 나중에 생각할 거야." 하지만 '그다음'은 다시 오지 않는다. 그녀는 자신의 행위를 돌아보고 곱씹음으로써 더 나은 자신이 되는 데 관심이 없기 때문이다.

불안으로부터 자신을 보호하기 위해 활용하는 '방어기제 (defense mechanism)'는 자신을 괴롭히는 감정으로부터 도망치는 데에는 유용하지만, 이런 경우 일시적인 위안 말고는 효과가 없다. 방어기제의 가장 어리석은 형태는 자기기만이다. 『이솝 우화』에 나오는 여우의 신 포도처럼 '내가 그토록 원했던 것을 막상 가져 보면 별것 없을 거야.'라는 식의 자기방어는 문제 해결에 아무 도움이 되지 않는다. 그렇게 스칼릿은 끝까지 자신을 속인다. 나에게는 분명히 레트의 사랑을 되찾을 힘이 있다고. 멜라니가 세상을 떠나고 레트조차 떠나 버린 오늘은 너무 힘드니까, 일단 생각하지 말자. 내일 다시 생각해 보기로 하자고.

그녀 인생의 가장 큰 암초는 남북전쟁이나 부모의 죽음이 아니라 타인의 아픔을 외면하는 그녀 자신의 '부주의함'이었다. 스칼릿은 너무 착해서 오히려 바보 같다고 깔보았던 멜라니가 애슐리와 자신의 끈질긴 스캔들을 알면서도 눈감아 주었다는 것을 멜라니의 임종에 이르러서야 깨닫는다. 그녀는 멜라니의 병약함과 작은 체구를 비웃고, 멜라니에겐 아무런 관능적 매력이 없다고 생각하며 그녀를 무시했다. 하지만 멜라니가 세상을 떠나게 되었을 때에야 그녀가 때로는 어머니처럼, 때로는 수호천사처럼 주변의 모든 비난으로부터 자신을 지켜 주었음을 깨닫는다. 그저 성공을 위해 앞으로만 달려가다가 자신이 진정으로 돌봐야 할 소중한 이들을 배려하지 못한 그녀는 겉으로는 '알파걸', '슈퍼맘' 소리를 들으면서도 내면은 말할 나위 없이 공허하고 불안한 현대 여성들의 원조 격일지도 모른다.

꿈속에서 비로소 스칼릿은 진정한 자기 자신이 된다. 스칼릿처럼 질긴 자존심을 가진 사람들의 강인한 의식의 빗장은 꿈속에서나마 조금씩 풀리기 때문이다. 애슐리에 대한 질투에 눈이 먼 레트와 요란한 부부싸움을 벌이다 계단에서 굴러떨어져 아이를 유산한 스칼릿은 사경을 헤매며 레트를 애타게 찾는다. 그녀는 끔찍한 안개 속을 헤매며 눈물을 철철 흘리면서 레트를 찾지만, '스칼릿은 나를 사랑하지 않는다.'는 자괴감에 짓눌린 레트는 그녀를 포기하고 만다.

한때 나는 스칼릿을 정말 싫어했다. 그런데 너무도 자기중심적인 성격이라 도저히 친구가 되고 싶지 않은 그녀의 모습이 텔레비전에 고전 영화로 소개될 때마다, 그녀의 파란만장한 인생역정을 되풀이하여 보고 또 보았다. 그러면서 일종의 죄책감 어린 쾌락, '길티 플레저(guilty pleasure)'를 느낀 것 같다. 그 은밀한 길티 플레저의 근원에는 스칼릿의 어리석음 또한 인간의 본성이 아닐까 하는 원초적인 물음이 있었다. 스칼릿은 타오르고 용솟음치고 붙잡으려 해도 붙잡을 수 없는, 멈추려 해도 멈출 수 없는 리비도 그 자체이기 때문이다.

우리는 갖가지 우아한 제스처로 우리의 욕망을 부정하려한다. 하지만 분명한 것은 리비도가 우리 생을 밀고 나아간다는 것이다. 먹고 싶고, 자고 싶고, 놀고 싶고, 쉬고 싶고, 이기고 싶고, 해내고 싶고, 사랑하고 싶고, 미워하고 싶은 그 모든에너지가 리비도의 물결을 구성하기에.

마거릿 미첼(1900-1949)의 『바람과 함께 사라지다』에서는 안타깝게도 네 사람의 주인공 모두 각자의 심각한 콤플렉스에눈이 멀어 사태의 진실을 꿰뚫어보지 못한다. 레트는 애슐리에 대한 질투심 때문에, 멜라니는 명예와 기품을 지켜야 한다는 강박 때문에, 애슐리는 나약한 지식인의 한계를 벗어날 수 없다는 자책감과 자기연민 때문에. 스칼릿은 '내가 레트를 필요로 한다는 것을 레트는 절대로 알아서는 안 돼!'라는 자존심 때문에, 그리고 '나는 애슐리만을 사랑해 왔다.'는 감정의 습관 때문에 레트와 자신이 진정한 솔메이트라는 것을 깨닫지 못한다.

어쩌면 이토록 우리네 인생을 닮았을까? 우리 자신을 보호하려는 그 모든 방어기제들, 즉 자존심과 명예욕과 질투심과 자기연민이야말로 우리에게서 용기를 빼앗아 가는 '내 안의 적들' 아닌가? 우리는 그들을 통해 인간의 욕망을, 관계의 허무를, 무의식의 반격을 성찰할 수 있다. 우리는 저마다의 가슴속에 꿈틀거리고 있는 '자기 안의 스칼릿'을 잘 다독이고 설득하며, 때로는 눈물을 쏙 빼도록 혼꾸멍을 내야 할지도 모른다.

레트를 찾으려고 층계를 올라가려던 스칼렛은 닫힌 식당의 문이 얼핏 눈에 띄었다. 닫힌 문을 보자 그녀는 지난여름 동안 레트가 그곳에 혼자 앉아서 잔뜩 취해, 일꾼 돼지가 잠자리에 들라고 애걸할 때까지 술을 마시던 수많은 밤을 기억하고는, 수치심으로 약간 마음이 움찔했다. 레트의 밤술은 그녀 탓이었고, 스칼렛은 그런 잘못을 이제부터 시정할 생각이었다. 이제부터는 모두가 달라지겠다고, 하지만 하느님께 비오니 오늘 밤에는 그이가 너무 취하지 않았기만을 스칼렛은 바랐다. 만일 너무 취한 상태라면 그이는 내 말을 믿지 않고, 나를 비웃고, 그러면 내 마음이 아프리라.

—마거릿 미첼, 『바람과 함께 사라지다』에서

그녀는 사랑했던 두 남자를 전혀 이해하지 못했고,
그랬기 때문에 그들을 잃었다. 이제 그녀는 만일
조금이라도 애슐리를 이해했더라면 절대로 그를
사랑하지 않았을 것으며, 레트를 조금이라도
이해했더라면 그를 절대로 잃지 않았으리라고
어렴풋이 깨달았다. 그녀는 세상의 어느 누구라도
자기가 정말로 이해한 적이 있었을까 막연히 의아한
생각이 들었다.

— 마거릿 미첼, 『바람과 함께 사라지다』에서

10

사랑이라는 영원한 수수께끼

믿을 수 없이 낯선 얼굴로
돌변하는 그 무엇

아주 오래전에 헤어진 사람의 마음이 이제야 비로소 이해
될 때가 있다. 헤어질 때는 보통 진짜 이유를 말하지 않는다.
본인들조차 잘 모를 때가 있다. 우리가 왜 헤어져야 하는지를.
사랑하지만 그저 더 이상 계속할 수 없다는 것만을 직감한다.
실연의 고통이 폭풍처럼 휩쓸고, 오랜 시간이 흐르면 그제야
섬광처럼 어떤 깨달음이 스쳐 간다. 우리는 헤어질 수밖에 없
었구나.

미칠 듯이 설레는 가슴, 네가 아니면 안 될 것 같은 절박함,

사랑만으로는 안 되는 것이 있다는 것을. 버려지는 나보다 어쩌면 나를 버린 그 사람의 마음이 더 아팠을지 모른다는 생각이 들 때 아무리 시간이 지나도 끝날 것 같지 않던 이별의 의례는 완성된다. 나로서는 최선을 다해 사랑했지만 나의 최선이 상대방의 눈에는 절망적인 안간힘으로 보였을지도. 마음은 서로의 존재를 비추는 영롱한 거울이지만 서로의 가슴을 날카롭게 내리긋는 흉기이기도 하다.

버지니아 울프(1882-1941)의 『유산』도 그렇게 상대방이 떠나고 나서야 사랑하는 사람의 날카로운 진심을 깨닫는 이야기다. 아내가 세상을 떠난 후 홀로 남겨진 남편이 뒤늦게 아내의 마음을 이해하게 된다는. 남편은 자신의 아내를 속속들이 잘 알고 있다고 믿으며 살아왔다. 두 사람은 누가 봐도 완벽한 잉꼬 부부였다. 저명한 정치가인 길버트의 아내 앤절라는 남편을 빈틈없이 내조했으며, 누구에게 싫은 소리 한 번 해본 적 없는 사람이었다. 그런 그녀가 피커딜리광장에서 차도로 내려서다 그만 차에 치여 죽고 만다.

그런데 남편은 아내의 유품을 정리하다 이상한 점을 발견한다. 가족은 물론 친구들, 심지어 비서에게 전해 줄 마지막 선물까지 완벽하게 챙겨 놓고 간 아내의 속내가 궁금해졌다. 왜 젊

은 사람이 이토록 필사적으로 유품을 정리해 놓은 것일까? 앤
절라가 남기고 간 유산 하나하나에는 일일이 지인의 이름이
새겨져 있었고, 남편 길버트에게는 일기장이 남겨져 있었다.

앤절라는 평소 길버트에게 비밀이 없는 것처럼 보였지만 일
기를 쓸 때만은 남편에게 방어적인 태도를 보였다. 일기를 쓰
다 남편의 인기척이 들리면 얼른 일기장을 덮어 버리거나 손
으로 가리곤 했다. "안 돼요. 절대 안 돼요. 내가 죽으면 모를
까." 두 사람이 공유하지 않은 것은 일기장뿐이었다. 앤절라는
유명 정치가의 아내로서 완벽한 내조를 해 왔지만, 둘의 사이
는 점점 소원해져만 갔다. 남편은 아이 없이 살아가는 부부가
으레 겪는 일이라 생각하며 대수롭지 않게 여겼다. 아내의 비
서였던 시시 밀러에게 유품으로 남긴 브로치를 전해 주며, 길
버트는 비서의 표정이 심상찮은 것을 눈치챈다. 그리고 시시가
상복을 입고 있는 것을 바라보며 그녀의 친오빠가 얼마 전에
죽었다는 것을 떠올린다.

그런데 시시는 왜 길버트를 그토록 동정 어린 눈빛으로, 뭔
가 갈망하는 듯한 표정으로 바라보는 걸까? 혹시 시시가 나
를 몰래 짝사랑해 온 것은 아닐까? 길버트는 이런 생각에 깜
짝 놀라 피식 웃음이 나온다. 거울에 비친 자신의 모습을 흘

끗 바라보며 '아직 나는 준수해.'라고까지 생각한다. 일기장 속 아내도 그랬다. 자신은 완벽한 남자와 결혼했다고. 아내는 신혼 초 일기장에 이렇게 고백한다. "길버트는 정말 매력적이었다. 그의 아내라는 것이 너무도 자랑스럽다."

그렇게 남편을 우러러보던 아내의 일기에서 점점 남편의 이야기가 줄어든다. 어느 날 앤절라는 어렵게 자신도 바깥일을 하고 싶다고 고백했었다. 길버트가 하원의원으로 출마했을 때, 아름다운 아내 앤절라는 그의 자부심이 되어 주었다. 길버트는 어딜 가든 자랑스러웠다. '여기 있는 여자들 중 내 아내가 가장 아름답군.' 아이가 생기지 않아 앤절라가 그토록 슬퍼했다는 것도 일기장을 통해 알게 된 사실이었다.

아내는 일기 속에서 점점 남편과 함께 보내는 시간이 줄어드는 걸 걱정하더니, 언제부턴가 일기장에 BM이라는 이니셜의 낯선 남자가 등장하기 시작한다. 아내는 BM과 저녁을 먹고, 사회주의에 대해 열띤 논쟁을 하고, 그로 인해 점점 마음이 무거워진다고 고백하고 있다. 길버트는 궁금증에 빠진다. 도대체 BM이 누굴까? 어떤 녀석이기에 감히 나처럼 영향력 있는 남자의 아내를 넘보는 걸까?

BM으로 인해 그녀는 돌변했다. BM은 상류층을 맹렬히 비난했으며, 그와 가까워진 이후 아내는 아이가 열 명이나 딸린 미망인의 일자리를 구해 주는 등 봉사활동에 열렬히 참여했다. 아내는 BM이라는 남자 때문에 인생관은 물론 생활방식까지 바꾸게 된 것이다. 무심코 입던 화려한 옷이나 비싼 모자조차 그녀는 부끄러워하기 시작했다. BM이 남편인 자신을 비난했다는 대목에 이르자, 길버트는 화가 머리끝까지 치밀어 오른다. 그가 아는 아내는 낯선 남자, 그것도 사회주의자와 저녁을 먹을 사람이 아니었다. 일기장에 이니셜로 그 남자의 이름을 비밀스럽게 적는, 그런 여자가 아니었다.

하지만 죽은 앤절라의 일기장은 너무도 분명하게 남편 아닌 다른 남자와 사랑에 빠진 유부녀의 고통스러운 비밀을 폭로하고 있었다. 아내의 마지막 일기는 BM에게서 답장이 오지 않는다는 내용이었다. 오지 않는 답장을 기다리며 절망하고 있었을 아내의 쓰라린 속내가 이제야 읽혔다. 길버트는 분노가 머리끝까지 차올라 시시 밀러에게 전화를 한다. "도대체 BM이 누구요?"

시시로부터 청천벽력 같은 답변이 돌아온다. BM은 바로 그녀의 오빠였던 것. 그제야 시시의 오빠가 얼마 전 자살했다는 소식이 머릿속에 떠올랐다. 더없이 아름답고 사랑스러웠던 아

내는 그 BM이라는 남자를 따라 세상을 떠난 것이다. "앤절라
는 애인을 따라 인도에서 차도로 뛰어들었다. 남편에게서 도망
치기 위해, 사랑하는 이에게 조금이라도 가까이 가기 위해 차
도로 뛰어든 것이다."

　우리가 가장 잘 안다고 믿었던 사람의 속내를, 우리는 평생
이해하지 못한 채 살고 있는 것은 아닐까. 남편은 아내의 비밀
을 몰랐고, 아내는 사랑의 비밀을 몰랐다. 비밀 따위 한 번도
가져 본 적 없다고 믿었던 아내가 평생 비밀을 간직한 채 고통
스럽게 세상을 떠났다. 이루어질 수 없는 사랑 따위 하지 않을
것만 같았던 얌전한 아내는 사랑 때문에 목숨마저 미련 없이
버렸다. 모두가 사랑을 잘 아는 것 같지만 사랑의 비밀은 이렇
듯 우리의 모든 확신을 비웃는다. 사랑이란, 이제 사랑에 대해
서라면 좀 알겠다고 확신할 때쯤 어느새 믿을 수 없이 낯선 얼
굴로 돌변하는 그 무엇이다. 심리학자 융은 이렇게 말했다, 사
랑은 드높은 산맥이라고. 이제 다 올랐다 싶으면 어느새 그보
다 훨씬 더 높은 또 다른 봉우리를 보여 주는 험준한 산맥이
라고.

길버트 클랜든의 얼굴이 시뻘게졌다. 그는 얼른 페이지를 넘겨 보았다. 그녀는 뭐라고 대답했을까? 이제 더이상 머리글자가 나오지 않았다. '그'라고 되어 있었다.

"그가 또 왔다. 나는 결정을 내릴 수가 없다고 했다…… 내게서 떠나 달라고 했다."

바로 이 집에서 그녀를 윽박질러? 그녀는 왜 나한테 얘기하지 않았을까? 왜 망설였을까?

"그에게 편지를 썼다."

그러고는 빈 페이지가 계속되었다. 그러다가 이런 말이 적혀 있었다.

"답장이 오지 않는다."

또 빈 페이지가 계속되었다. 그리고 또 이런 말이 적혀 있었다.

"결국 그는 하겠다고 위협하던 걸 행동에 옮겼다."

그리고…… 그래서 어떻게 됐지? 그는 계속 페이지를 넘겼다. 모두 공백이었다. 그러다가 그녀가 죽기 바로 전 날 쓴 일기가 있었다.

"나도 그럴 용기가 있을까?"

그게 끝이었다.

길버트 클랜든의 손에서 일기장이 떨어졌다.

―버지니아 울프, 『유산』에서

11

달콤한 환상으로부터 탈피하라

여성, 우리 사회의
유디트

구스타프 클림트(1862-1918)의 「유디트1」을 바라보고 있노라면, 마치 그림이 영혼의 블랙홀이 되어 보는 사람을 빨아들이는 것 같다. 뭔가 나른하면서도 섬뜩한 기운, 보는 이를 유혹하면서도 자신은 절대 그 유혹의 책임을 지지 않을 것 같은 당당함이 느껴진다. 또 클림트의 유디트는 타인을 유혹하면서도 정작 자신은 타인의 유혹에 절대 굴복하지 않을 것 같다. 이 유혹은 철저히 일방적이다. 그녀는 매혹하지만 매혹당하지 않는다.

그녀를 보고 있으면 '난공불락'이라는 단어가 저절로 떠오른다. 적장 홀로페르네스의 잘린 머리를 들고도 마치 별일 아니라는 듯 싱긋 웃어 보이는 그녀의 입가에는 살기(殺氣)보다 취기(醉氣)가 느껴진다. 그 취기는 술 때문이 아니라 승리감, 혹은 도취감 때문이다. 그녀는 이렇게 속삭이는 것만 같다. 보라, 내가 세상에서 가장 강한 남자를 죽였다! 너희 잘난 남자들이 아닌 한 여자, 보잘것없는 과부 유디트가 적장(敵將)의 침실에서 그의 목을 직접 베었다!

클림트의 「유디트2」는 정면이 아니라 살짝 옆으로 몸을 비튼 채 어딘가를 향하고 있다. 남성을 도륙하고도 태연자약하게 그 수급(首級)을 틀어쥐고는, 아름다운 치맛자락을 휘날리며 마치 또 다른 유혹의 대상을 찾아 나서려는 듯 미지의 장소를 향해 나아가고 있다. 유디트는 희미하고도 신비로운 미소를 짓는 듯하나, 자신은 절대로 그 대상을 유심히 바라보지 않는다. 그 무심함과 태연자약함은 그녀를 더욱 매혹적이고 당당한 주체로 만든다. 대상의 반응에 일희일비하지 않고 오직 자신의 의지대로 세상을 살아가는 완전한 자유로움이 그녀의 얼굴에 묻어 있는 듯하다.

나는 클림트의 유디트를 볼 때마다 감탄하면서도 어딘가

석연치 않은 구석이 있었다. 정말 유디트의 미소는 이렇듯 신비롭고 매혹적이며 뇌쇄적이기만 했을까? 아니, 그녀는 정말 '미소' 지을 수 있었을까? 자신을 경이로운 시선으로 바라보는 군중을 조롱하며 정작 자신은 그들의 시선에 전혀 아랑곳하지 않을 것 같은 태연자약함. 이것은 혹시 유디트를 '미적 대상'으로만 보는 남성 화가의 달콤한 환상이 아닐까?

프리드리히 헤벨(1813-1863)의 걸작 『유디트』를 읽으면서 나는 이 의구심이 타당한 것임을 알게 되었다. 클림트의 유디트와 달리 헤벨의 유디트는 고뇌하고 슬퍼하고 분노한다. 클림트의 유디트에서는 역사성이 사라져 있다. 헤벨의 유디트는 다른 사람들의 시선을 분명히 신경 쓴다. 그것도 아주 많이. 클림트의 유디트는 성적 매력을 무기로 휘둘러 남자를 죽이고도 아무런 가책도 느끼지 않는 듯한 당찬 모습이다. 당혹스러울 정도의 당당함. 사람들이 팜파탈(치명적인 여성)을 '악녀'라 왜곡해서 이해하는 이유도 그런 '타인의 시선에 대한 무심함' 때문일 것이다.

그런데 헤벨의 유디트는 다르다. 홀로페르네스의 침실 앞에서 자신을 기다리고 있던 하녀가 유디트의 '순결'을 문제 삼자, 그녀는 뼈아픈 고통을 느낀다. 힘으로는 홀로페르네스를 제압

할 수 없었기에 온갖 기지를 발휘하여 그와 하룻밤을 보낸 뒤 적장이 잠든 사이 그의 목을 자른 유디트. 그림 속 유디트는 웃고 있지만, 이야기 속 유디트는 깊은 상실감에 빠진다.

그녀는 '이제 나는 순결하지 않다.'는 것을 깨닫고는 하녀의 질책에 마음 졸이며, 머리가 헝클어진 채 홀로페르네스와의 침실에서 빠져나와 깊은 굴욕감을 느낀다. 그녀는 온갖 기지와 재치, 매력과 지성을 이용해 그 어떤 남자들도 접근조차 못한 홀로페르네스를 유혹하고 제압하여, 마침내 살해하는 데 성공했다. 유디트가 아니었다면 당시 유대 민족은 결코 아시리아의 최고 장수인 홀로페르네스의 압제로부터 벗어나지 못했을 것이다.

유디트가 만약 적장을 죽인 '남자'였다면 아무 조건 없이 영웅 대접을 받았겠지만, 여인으로 태어난 유디트는 결코 임신의 위험에서 자유롭지 못했다. 만약 홀로페르네스의 아이를 가졌다면 자신은 반드시 아이와 함께 죽어 버리겠다고 결심하는 대목에서 내 가슴은 답답해졌다. 유디트는 왜 스스로를 영웅으로 인정하지 못하는가? 그녀는 왜 자신이 성취한 일의 진정한 주인공이 되지 못할까?

그림 속 유디트는 아름답지만 현실과 합치되지 않는다. 클림트와 카라바조를 비롯한 수많은 화가들이 너무도 아름답게 이상화한 유디트는 그림 속에서나 가능한 낭만적인 환상이 아닐까? 남성 화가들은 유디트를 통해 치명적인 아름다움과 그로테스크한 신비감을 느꼈지만, 나는 그 오색찬란한 그림들 앞에서 실제 유디트는 결코 이러지 않을 것 같다는 의심을 품었다. 그리고 『유디트』를 읽고 난 후 한동안 깊은 우울에 빠졌다. 유디트의 뼈아픈 딜레마가 현대 사회에서도 완전히 해결되지 못했음을 깨달았기 때문이다.

『유디트』에서 나는 아름답고 치명적이고 범접 불가능한 팜파탈이 아니라, 고독하고 우울하며 누구에게도 의지할 수 없는 백척간두에 선 한 여자의 고통을 본다. 유디트가 싸워야 했던 대상은 홀로페르네스뿐만이 아니라 그녀의 정절을 의심하는 사람들, 그녀가 책임져야 할지 모를 출산과 육아의 고통을 배가시키는 여성차별적 사회였다. 단지 여자라는 이유로 유디트는 반쪽짜리 영웅, 영원히 이해받지 못하는 비극적인 영웅이 되었다.

여성이 영웅이 될 수 있는 길은 이렇듯 자신의 소중한 무엇을 포기해야만 가능한가? 논개나 잔다르크, 유디트 등 역사 속 여성 영웅들의 공통점은 영웅의 자리에 올라간 대신 여성으로서는 결코 행복한 삶을 살지 못했다는 것이다. 여성이 어떤 '이상'을 성취하는 데는 반드시 세 가지 요소가 항상 충돌한다. 첫째, 여성으로서의 행복. 둘째, 여성도 남성도 아닌 '인간'으로서의 꿈. 셋째, 공동체의 이상. 여성이 출산을 하면 득달같이 일자리를 빼앗고, 여성이 결혼이나 출산을 포기하면 온갖 차별을 일삼는 사회에서 어떻게 여성들이 꿈을 펼칠 수 있겠는가?

헤벨의 유디트조차 남성이 상상한 여성의 모습이지만, 언젠가 여성 스스로가 제대로 그려 낸 더 멋진 유디트의 모습이 나오기를 꿈꿔 본다. 남성도 해내지 못한 수많은 일들을 해낸 최초의 여성 영웅 중 하나가 바로 유디트이므로. 남성이 무시하거나 짓밟거나 신경도 쓰지 않는 그 수많은 꿈과 이상을 쟁취하려는 여성들은 누구나 조금씩 '우리 사회의 유디트'이니까. '개인'으로서의 꿈, '공동체의 일원'으로서의 연대감, '여성'으로서의 행복. 이 세 가지 모두를 쟁취하려 오늘도 분투하고 있는 이 세상 모든 유디트들에게 뜨거운 박수를 보낸다.

> "난 이 세상의 최초의 남자이자 최후의 남자를 죽였소!"
>
> —프리드리히 헤벨, 『유디트』에서

클림트의 「유디트1」을 바라보고
있노라면, 마치 그림이 영혼의 블랙홀이
되어 보는 사람을 빨아들이는 것 같다.

「유디트2」는 아름다운 치맛자락을 휘날리며

마치 또 다른 먹잇감을 찾아 나서려는 듯

미지의 장소를 향해 나아가고 있다.

12

사랑하는 사람 속에서 나의 영혼을 보라

그 사람의 얼굴이라는
살아 있는 거울

세상 누구보다 열정적인 남녀의 비극적인 로맨스라는 점에 초점을 두고 읽으면 『폭풍의 언덕』은 더없이 안타까운 사랑 이야기다. 하지만 '주인공의 성격 변화'를 따라 읽는다면, 사랑하면서도 끝없이 서로를 할퀴는 그들의 지독한 나르시시즘에 놀라게 된다. 어떻게 사랑한다면서 서로를 이토록 괴롭힐까.

캐서린은 히스클리프를 계속 자신의 심리적 관할권 안에 두기 위해 온갖 두뇌게임을 벌인다. 그러면서 점점 주변 사람들을 무시하고 '나만 상처받았다.'고 느끼는 전형적인 에고이

스트가 되어 간다. 히스클리프는 '힌들리(캐서린의 오빠)가 나를 망쳤고, 캐서린이 나를 버렸다.'는 피해의식에 집착하면서 점점 끔찍한 복수극의 주인공이 되어 간다. 『폭풍의 언덕』은 비극적인 사랑 이야기이지만, 맹목적 사랑이 인간의 인격을 어떻게 파괴시키는지를 보여 주는 박진감 넘치는 심리소설이기도 하다.

모두가 자신을 귀여워해 주는 워더링하이츠에서 응석받이로 자란 캐서린과 고아 소년 히스클리프는 서로에 대해 가장 잘 알면서도 가장 가슴 아픈 방식으로 서로를 공격한다. 그들은 각자가 서로의 분신이라 믿지만, 그 분신을 아끼고 보살피는 방법을 모른다. 그들은 어린 시절에는 어떻게 하면 계속 함께할 수 있을까를 궁리했지만, 캐서린의 결혼 이후에는 서로에게 어떻게 상처 줄까를 궁리하는 것처럼 보인다.

캐서린은 히스클리프와 결혼하면 둘 다 거지꼴이 되고 말거라는 불안감 때문에 부잣집 도련님 에드거 린턴과 결혼한다. 자신을 버린 캐서린에 대한 복수심에 타오른 히스클리프는 에드거의 여동생 이사벨라를 유혹하여 끝내 결혼에 성공하는데, 캐서린은 식음을 전폐하고 방문을 걸어 잠근 채 자신을 학대하더니 급기야 중병에 걸리고 만다. 캐서린은 그 와중에도 남편 에드거가 자신에게 완전히 집중하지 않고 책이나 읽는다며 갖은 히스테리를 부린다. 하녀 넬리에게는 자신이 죽으면 남편도 죽을 것이 확실하다면 지금 당장이라도 죽겠다고 호언장담한다. 자신은 '심약한 남편 에드거'와 '고약한 친구 히스클리프' 모두를 감싸 안았는데, 두 사람 모두 자신을 배신했다며 길길이 날뛴다.

나는 캐서린과 히스클리프의 무시무시한 사랑과 분노의 시소게임을 바라보면서 공포를 느꼈다. 반면 이렇게 서로를 향해 완전히 영혼을 불태우는 사랑이 현대 사회에서는 더욱 어려워진 것이 아닐까 자문해 본다. 캐서린과 히스클리프는 서로를 완벽한 분신으로 바라보고, 실제로 서로 닮아 간다. 발랄한 말괄량이 소녀 캐서린은 히스클리프가 뿜어내는 야생의 어둠에 중독되어 자신도 히스테리컬한 성품으로 변해 버린다. 한편 길 잃은 야생마처럼 거침없었던 히스클리프는 캐서린처럼 화려하고 귀족적인 모습으로 변한다. 두 사람은 '내가 너이고, 네가 나이기 때문에 우리 두 사람은 서로를 설명할 필요가 없다.'고 느낀다. 그 사랑이 모두의 축복 속에서 이루어졌다면 얼마나 아름다웠을까.

그 시대 사람들은 현대인처럼 거울을 자주 보지 않았고, 텔레비전이나 인터넷도 없었다. 거울은 나르시시즘의 도구이며, 텔레비전과 인터넷은 타인과 나를 비교하는 도구가 된다. 자기 얼굴을 비춰 보며 나는 사랑받아야 해, 나는 소중해, 나는 중요한 사람이라고 다짐하는 것이 현대사회에서 '거울'의 미디어적 기능이라면, 인터넷은 세상 속의 나는 왜 이렇게 작고 보잘것없을까, 왜 저 사람이 가진 것이 내게는 없을까를 고민하게 만드는 '비교의 미디어'가 되어 버렸다.

캐서린이 '히스클리프야말로 나의 일부이고, 내가 바로 히스클리프다.'라고 생각하는 이유는 실제로 그녀가 자신의 얼굴보다 더 많이 보고 자란 얼굴이 바로 히스클리프의 얼굴이기 때문은 아닐까.

히스클리프를 통해 캐서린은 '자신을 둘러싼 모든 것들'을 거울처럼 비춰 본다. 히스클리프는 그녀의 살아 움직이는 거울이었던 것이다. 히스클리프를 통해 그녀는 자기 가족의 결핍과 갈등과 폭력과 부끄러움을 꿰뚫어 본다. 캐서린의 오빠 힌들리는 히스클리프를 끊임없이 학대하며 쾌감을 맛본다. 히스클리프가 '성(姓)'조차 없는 고아였고 '그들보다 어두운 피부색'을 가졌기 때문이다. 히스클리프를 괴롭히면서 힌들리는 '저 녀석보다는 내가 낫다.'는 식의 잔인한 우월감을 느낀다.

캐서린은 의식적으로는 워더링하이츠에서의 어린 시절로 돌아가고 싶어 하지만, 무의식 속에서는 어린 시절로 돌아가기를 두려워한다. 캐서린의 악몽은 '히스클리프와 나'라는, 두 몸이되 하나의 존재였던 자신들을 힌들리가 떼어 놓으려 했던 바로 그 순간에 시작되었다. 그것은 꿈속에서조차 그녀를 괴롭히는 무의식의 그림자로 변해 버린다. 넬리에게 꿈 이야기를 털어놓는 캐서린의 고백에는 그녀가 느끼는 '무의식의 공포'가 생생히 드러나 있다.

그녀의 내면아이는 열두 살에 멈춰 있었으며, 힌들리가 히스클리프를 하인처럼 부리며 '사람' 취급을 하지 않게 된 그 시절의 트라우마가 그녀를 영원한 어린아이로 붙박아 두고 있었던 셈이다. 그토록 아름답고 친숙하게 느껴졌던 어린 시절의 대저택, 워더링하이츠가 이제는 공포영화의 괴기스러운 세트처럼 무섭고 끔찍하게 느껴지는 이유. 그것은 어린 시절의 그들과 현재의 그들 사이에 건널 수 없는 마음의 간극이 가로놓여 있기 때문이다.

한편, 누구에게도 사랑받아 본 적이 없는 히스클리프는 캐서린을 통해 처음으로 자신의 인생에도 생명의 온기가 깃들수 있음을 깨닫는다. '캐서린을 통해 보는 세상'이 전부였기에 그에게는 '캐서린의 여집합'이 없었다. 히스클리프가 캐서린에게 영혼을 비춰 주는 '거울'이었다면, 캐서린은 히스클리프에게 세상을 내다보는 '창'이었다. 캐서린이라는 마음의 창문이 닫힌다는 것은 그에게 '세상 속으로 들어갈 출구'가 없어짐을 의미했다. 캐서린이 린턴 가에서 공허하고도 유령 같은 삶을 사는 것은 자신의 영혼을 비춰 줄 거울, 히스클리프를 잃었기 때문이었다.

히스클리프는 오직 캐서린을 다시 얻기 위한 방편으로 부자가 되고, 캐서린에게 복수하리라는 정념으로 살아남는다. 캐서린을 향한 히스클리프의 무한한 증오는 '이것이 세상'이라고 가르쳐 준 뒤 그 세상 전체를 빼앗아 간 한 여자에 대한 증오다. 그러니까 그녀 아니면 '무(無)', 그녀 아니면 이 세상은 아무 의미 없다고 생각하는 히스클리프에게 캐서린은 유일무이한 현실 그 자체였던 것이다. 그가 유일하게 신경 쓰는 현실, 그가 유일하게 갖고 싶어 하는 현실, 그가 유일하게 끌어안을 수 있는 현실은 오직 캐서린과 함께하는 현실이었다.

히스클리프가 수많은 사람들을 괴롭히고, 자신의 뜻에 맞게 조종하고 학대하면서도 결코 '강자'로 보이지 않는 이유다. 바로 그 스스로 '캐서린 없이는 아무것도 아닌 나'를 마음 깊은 곳에서 인정하고 있기 때문이다. 세상은 캐서린이라는 창문을 통해서만 그 신비를 드러내는 지극히 제한적인 축복이었다. "내가 얼마나 사랑하는지 그가 절대로 알면 안 돼. 히스클리프가 잘생겼기 때문이 아니야, 넬리. 나보다도 더 나 자신이기 때문이야. 우리의 영혼이 무엇으로 만들어졌든 그의 영혼과 내 영혼은 같아."

두 사람의 끔찍한 비극도 여기, 두 사람의 참혹한 아름다움도 여기 있었다. 항상 같은 얼굴을 매일 바라보면서도 매일 눈부신 새로움을 느끼는 것, 그것이 사랑 아닐까. 사랑은 그 사람의 얼굴이라는 살아 있는 거울에 투영된 자기 자신을 비춰 보는 일이기에.

"린턴에 대한 내 사랑은 숲의 잎사귀와 같아. 겨울이 돼서 나무의 모습이 달라지듯 세월이 흐르면 그것도 달라지리라는 것을 나는 잘 알고 있어. 그러나 히스클리프에 대한 애정은 땅 밑에 있는 영원한 바위와 같아. 눈에 보이는 기쁨의 근원은 아니더라도 없어서는 안 되는 거야. 넬리, 내가 바로 히스클리프야. 그는 언제까지나, 언제나 내 마음속에 있어. 나 자신이 반드시 나의 기쁨이 아닌 것처럼 그도 그저 기쁨으로서가 아니라 나 자신으로서 내 마음속에 있는 거야. 그러니 다시는 우리가 헤어진다는 말은 하지 마. 그것은 있을 수 없는 일이니까."

— 에밀리 브론테, 『폭풍의 언덕』에서

캐서린을 향한 히스클리프의 무한한 증오는 '이것이 세상'이라고 가르쳐 준 뒤 그 세상 전체를 빼앗아 가 버린 한 여자에 대한 증오다. 그러니까 그녀 아니면 '무(無)', 그녀 아니면 이 세상은 아무 의미 없다고 생각하는 히스클리프에게 캐서린은 유일무이한 현실 그 자체였던 것이다

13

내 잣대로 상대를 판단하지 마라

사랑의 노예,
피그말리온콤플렉스

세상 모든 콤플렉스는 우리 마음속 어딘가 부서진 곳, 아픈 곳, 찔리는 곳을 건드린다. 그 수많은 콤플렉스들 중에서도 내 마음을 특히 아프게 찔렀던 것은 바로 피그말리온콤플렉스다. 나를 사랑해 주는 사람의 마음에 들기 위해 '나 아닌 나'의 모습을 보여 줄 때마다 나는 조금씩 피그말리온의 노예가 되는 기분이었다. 부모님이 기대하는 나, 친구들이 좋아하는 내 모습을 애써 가장할 때마다 나는 조금씩 '나 아닌 다른 사람'의 연기를 하고 있었던 것이다.

다행히 이제는 사랑받기 위해 '나 아닌 나'가 되려는 몸부림을 내려놓은 지 오래다. 하지만 가끔 유혹을 느낀다. 사실 피그말리온 스토리는 언제 들어도 매혹적이다. 그리스 신화에서 그 어떤 여인도 사랑하지 못했던 피그말리온이 자신이 만든 이상적인 조각상과 사랑에 빠지자, 아프로디테가 피그말리온의 간절한 소원을 들어주어 조각상이 진짜 살아 있는 여인이 되었다는 이야기는 언제 읽어도 뭉클하다. '간절히 기도하면 이루어진다.'는 인간의 절실한 믿음을 건드리기 때문이다. 그 소원이 아무리 불가능할지라도. 그 염원이 아무리 얼토당토않을지라도.

　피그말리온은 두 얼굴을 지니고 있다. 교사가 학생에게 더 많은 기대를 할수록 학업 성취도가 높아진다든지, 부모의 기대를 듬뿍 받은 아이가 실제로 성공할 확률이 높아진다는 식의 이야기에 '피그말리온 효과'라는 긍정적인 명칭이 어울린다. 하지만 타인의 기대를 충족시키기 위해 끝없이 자신을 바꾸려 지나치게 애쓰는 사람들의 깊은 상처와 노이로제를 묘사할 때는 '피그말리온콤플렉스'라는 다소 부정적인 이름의 꼬리표가 된다. 피그말리온의 신화는 '상대를 향한 사랑이 그를 긍정적으로 바꿀 수 있다.'는 믿음과 '상대를 향한 지나친 기대가 오히려 그를 망칠 수 있다.'는 위험을 동시에 내포한다.

오드리 헵번 주연의 영화 「마이 페어 레이디」로 더욱 유명해진 버나드 쇼(1856-1950)의 원작 『피그말리온』은 그리스 신화의 아성에 정면으로 도전한다. 신화 속에서는 조각상에서 진짜 여인으로 변모한 갈라테이아가 군말 없이 피그말리온의 사랑을 받아들이는 해피엔딩으로 끝나지만, 버나드 쇼의 피그말리온은 한층 지독한 패러디 정신으로 무장하고 있다. 현실 속 여성에게 사랑을 느끼지 못하는 피그말리온은 여성혐오증에 걸린 괴짜 언어학자 히긴스로, 순순히 자신의 창조자의 명령을 따르던 갈라테이아는 거리에서 꽃을 파는 고집불통 아가씨 일라이자로 변신한다. 우악스러운 사투리와 뒷골목 은어를 섞어 가며 '영어의 순수성'을 위협하는 일라이자를 본 순간, 히긴스는 기절초풍하고 만다. 자신이 얼마나 대단한 언어학자인지 증명하고 싶은 욕구로 히긴스는 절친한 벗 피커링 대령과 내기를 한다. "내가 여섯 달만 교육시키면 저 아가씨를 공작부인으로 바꾸어 놓을 수 있어요."

여성혐오증에 걸린 우울한 지식인이라는 자신의 그림자를 숨기고 있는 히긴스. 그는 자신이 그런 콤플렉스를 앓고 있는 줄도 모른 채, 낫 놓고 기역자도 모르던 일라이자에게 완벽한 영어 발음과 문법을 가르치고 아름다운 옷과 액세서리를 제공하며 귀족의 에티켓을 주입한다. 그런데 신화 속 갈라테이아가 한 번도 자신의 목소리를 내지 않는 반면, 일라이자는 쉴 새 없이 떠들고 자신의 의견을 당차게 주장한다. 일라이자는 알고 있었다. 피커링은 일라이자가 넝마주이였을 때조차 어엿한 숙녀처럼 대했지만, 히긴스는 그녀가 아무리 우아하고 지적인 모습으로 변해도 여전히 자신을 하찮은 존재로 대접할 것임을.

차디찬 조각상조차 매일매일 쓰다듬어 주고 추울까 봐 담요까지 덮어 주었던 신화 속 피그말리온과 달리, 히긴스는 살아 있는 여인조차 버림받은 조각상처럼 냉대한다. 히긴스의 냉담함은 자신의 의지대로 움직이는 타인만을 자기 곁에 두려는 이기심의 발로이며, '나의 의지'를 벗어나는 모든 타인을 '우리'의 울타리 밖으로 밀어내 버리는 끔찍한 결과를 초래한다.

히긴스의 입장에서는 자신과 조금이라도 다르게 생각하는 모든 타인은 적대자다. 모든 걸 자기 뜻대로 통제하려는 히긴스가 강박증 환자라면, 히긴스의 마음에 들지 못할까 봐 끝없이 노심초사하는 일라이자는 신경증 환자인 셈이다. 히긴스는 자신의 뜻대로 완벽히 조종되는 세상을 꿈꾼다. 일라이자의 목표는 '올바른 영어'를 써서 어엿한 꽃가게 점원으로 취직하는 것이었다. 그런데 이제는 너무 고상한 말투와 몸가짐을 익혀 버려 그 어디에도 어울리지 않는 '이도 저도 아닌 존재'가 되어 버렸다.

마침내 반년간의 '요조숙녀 만들기' 프로젝트가 성공하여 일라이자의 눈부신 자태와 교양 있는 말투가 무도회에 모인 모든 사람들을 압도하는 데 성공했을 때에도, 뛸 듯이 기뻐하는 히긴스와 달리 그녀는 기쁘지 않다. "아! 차라리 꽃을 팔던 그때로 돌아갈 수 있다면!" "왜 나의 독립을 빼앗아 간 거죠? 난 도대체 무엇 때문에 독립을 포기한 거죠? 좋은 옷들이 아무리 많아도 나는 결국 노예나 다름없어요."

자신을 공주처럼 떠받들어 주는 사람들 앞에서도 일라이자는 전혀 행복하지 않다. "난 꽃을 팔았지, 나 자신을 판 게 아니라고요!" "당신이 날 숙녀로 만들어 버린 지금, 이제 난 아무것도 팔 수 없게 되어 버렸다고요." 반면 히긴스는 원래의 목적에는 성공했지만, 더 이상 '그녀가 없는 삶'을 어떻게 꾸려 나가야 할지 알 수가 없다. 바둑판처럼 정확하게 구획되어 있던 그의 일상이 난해한 미로처럼 알 수 없는 길들의 연속이 된 것이다. 히긴스는 모든 것을 조종하는 창조주처럼 보이지만, 사실 이 기상천외한 내기로 인해 진정 바뀐 것은 히긴스 자신이었다. 갈라테이아로 인해 본질적으로 변화를 겪은 것은 피그말리온의 삶이었듯.

그렇다면 히긴스는 실패하고 신화 속 피그말리온이 승리한 이유는 무엇일까? 피그말리온은 인간을 '대상'이 아닌 살아 있는 사랑의 주체로 바라보았다. "숙녀와 꽃 파는 아가씨의 차이는 그녀가 어떻게 행동하느냐가 아니에요. 그 차이는 그녀를 어떻게 대우해 주느냐에 달려 있어요. 히긴스 박사님께 저는 항상 꽃 파는 여자에 지나지 않았지요." 히긴스는 일라이자의 반항에 엄청난 충격을 받는다.

버나드 쇼의 원작에서는 일라이자가 히긴스를 떠나 다른 남자와 결혼해 버리지만, 오드리 헵번 주연의 영화 속에서는 두 사람 사이의 로맨틱한 분위기가 달콤한 여운으로 남는다. 겉으로 보기에는 창조주가 피조물을 만든 것처럼 보이지만, 실은 피조물처럼 보이는 존재가 창조주의 삶을 완전히 바꿔 버린 것이다.

히긴스 박사의 머릿속에는 '끝없는 상승의 화살표'밖에 없었다. 자신의 눈에는 거지나 진배없는 꽃 파는 아가씨를 여왕의 외모와 말투로 '끌어올리는 데'에만 관심 있었지, 그녀가 겪어야 할 정체성의 혼란을 이해하지도, 차라리 다시 꽃 파는 아가씨로 추락할지라도 '나다운 나'로 돌아가고 싶다는 일라이자의 마음을 헤아리지도 못했다. 그렇다면 피그말리온콤플렉스를 벗어나는 방법은 무엇일까? 가장 중요한 것은 상대에 대한 '선입견'으로 타인의 삶을 재단하는 일을 멈추는 것이다.

버나드 쇼는 자신의 주체성을 잃을 위험에 처해 있는 현대 여성들에게 조언한다. 결코 자신의 피그말리온과는 결혼하지 말라고. 현대의 갈라테이아는 결코 피그말리온을 사랑하지 않는다고. 상대방을 자신의 기준으로 판단하지 않는 사람, 나를 있는 그대로 사랑하고 존중하는 사람과 깊은 교감을 나누는 것이야말로 우리가 누릴 수 있는 최고의 축복이다.

버나드 쇼의 피그말리온은 '창조주의 독선'을 꼬집지만, 그리스 신화의 피그말리온은 '창조주의 순수한 사랑'을 강조한다. 우리는 서로를 관리하고 통제하고 판매하는 '매니저식 사랑'을 넘어, 우선 상대의 이야기를 들어 주고, 서로의 사소한 감정까지 배려하며, 결코 자신의 잣대로 상대를 '판단하지 않는 사랑'을 향해 한 걸음 나아가야 하지 않을까. 우리는 히긴스의 독선으로부터 탈주하면서, 동시에 피그말리온의 천진무구한 사랑을 되찾아야 한다.

　"알아요. 저는 그분을 비난하는 게 아니에요. 그건 그분의 방식이죠. 그렇죠? 하지만 대령님은 그렇게 하지 않으셨던 게 저한테는 커다란 차이를 만들었어요. 누구든지 배울 수 있는 것 말고(옷을 멋지게 입는다거나 제대로 말을 한다거나 하는 것들이요.) 정말로, 진실로 숙녀와 꽃 파는 소녀의 차이는 어떻게 행동하느냐가 아니라 어떻게 대접을 받느냐에 달렸죠. 저는 히긴스 교수님께는 언제나 꽃 파는 소녀일 거예요. 왜냐하면 그분은 저를 언제나 꽃 파는 소녀로 대하고 앞으로도 그럴 테니까요. 하지만 저는 대령님께는 숙녀가 될 수 있다는 걸 알아요. 대령님은 저를 언제나 숙녀로 대해 주셨고, 앞으로도 그러실 거니까요."

—조지 버나드 쇼, 『피그말리온』에서

"당신들은 살아 있는 인형을 가지고 노는 한 쌍의
어린아이 같군."
"논다고요! (……) 어머니는 한 사람을 데려가
그에게 새로운 언어를 창조해 줌으로써 완전히
다른 인간으로 변화시키는 것이 얼마나 흥미진진한
일인지 모르실 거예요. 그건 계급과 계급, 영혼과
영혼의 간극을 메우는 일이기도 해요."

— 조지 버나드 쇼, 『피그말리온』에서

14

아름다움보다 더 강렬한 애틋함

사랑이 지배하는 곳에는
권력이 없다

결코 이루어질 수 없는 사랑 이야기는 왜 끊임없이 문학작품의 테마가 되는 걸까? 그 모든 이루어질 수 없는 로맨스가 멀리서 보면 모두 비슷해 보이지만, 문학의 현미경으로 가까이 들여다보면 하나하나 절절한 '개별성'을 담고 있기 때문이다. 지극히 빤해 보이는 사랑 이야기는 모두 그렇고 그런 상투적인 이유로 시작되지만, 그 속에는 이 세상 어디에도 없는 특별함, 그와 그녀만의 이야기, 세상에 하나뿐인 이야기가 숨어 있다. 『개를 데리고 다니는 여인』 또한 마찬가지로 멀리서 보면 진부하지만, 가까이서 보면 세상 하나뿐인 특별함을 머금고 있는 사랑 이야기다.

심리학자 오토 랑크(1884-1939)는 『심리학을 넘어서』에서 프로이트와 융의 결정적인 차이를 보여 준다. 프로이트는 우리 모두가 무의식의 차원에서는 서로 비슷하다고 주장한 반면, 융은 우리 인간이 서로 다른 것은 바로 서로 다른 무의식 때문이라고 본다. 성욕의 동질적 메커니즘을 강조한 프로이트는 모든 사람들을 '욕망'의 차원에서 기본적으로 똑같은 존재로 인식한다. 반면 성욕을 인간의 수많은 욕구 중 하나로 상대화한 융에게 중요한 것은 우리 각자가 지니고 있는 무의식의 '차이'였다. 바로 이 무의식의 개성, 나도 모르고 있던 나의 발견이야말로 심리학의 경이로움이고 문학의 아름다움이며 사랑의 기적이다. 『개를 데리고 다니는 여인』은 바로 이 '나도 몰랐던 나'를 발견하며 기존의 자아상을 끊임없이 무너뜨려 가는 두 남녀의 이야기다.

드미트리는 아들 둘에 딸 하나를 둔 평범한 가장이지만 실은 엄청난 난봉꾼이다. 아내를 '천박하고 촌스럽다.'고 비난하면서 그녀와 제대로 된 대화 한마디 나누지 않으며, 걸핏하면 다른 여자와 데이트를 즐긴다. 남편 없이 혼자 스피츠 한 마리를 데리고 얄타로 여행 온 여인을 지그시 바라보며 "저 여자와 사귀어도 나쁘지 않을 텐데."라고 생각하는 대책 없는 바람둥이다. 이렇듯 작품 초반에서는 독자가 드미트리에게 호감을 느끼기 어렵다. 드미트리는 쉽게 여성의 마음을 사로잡아 관계를 가진 뒤 그보다 더 쉽게 그녀들을 저버리곤 한다.

이번에도 드미트리는 홀로 여행하는 안나의 외로움을 쉽게 공략한다. 안나의 개에게 말을 걸고, 혼자 있는 그녀에게 말동무가 되어 주며, 그녀의 가느다란 목선과 아련한 회색 눈동자를 떠올리며 은밀한 기쁨을 느낀다. "그녀에게는 어딘가 애틋한 구석이 있다." 그런데 홀로 낯선 도시를 헤매며 자신이 무엇을 하고 있는지도 모르는 이 여자가 '아름답다.'고 생각하기보다 '애틋하다.'고 생각하는 순간, 그는 자기도 모르게 사랑에 빠져 버린다.

드미트리는 수많은 여자들을 만났지만 애틋한 감정을 느껴 본 적은 없었다. 그에게 여자들은 관능적인 존재로 다가왔을 뿐 연민을 불러일으키는 존재는 아니었다. 하지만 드미트리는 처음으로 여성의 육체적 아름다움이 아니라, 한 여자의 엉뚱한 질문, 수줍은 행동, 알 수 없는 표정에 관심을 가지게 된다. 자신을 뚫어지게 바라보는 드미트리의 눈길에 머쓱해진 안나가 "우리 이제 어디로 갈까요?"라고 질문하자, 그는 그녀를 와락 끌어안고 키스한다. 이제 우리 어디로 갈까? 이 일상적인 질문이 '우리의 관계는 과연 어디로 치닫는 것일까요?'를 묻는 철학적인 질문처럼 들렸는지도 모르겠다. 드미트리는 여인 앞에서 처음으로 부끄러움과 설렘을 느낀다. 연애 대장이었던 그에게 진짜 사랑은 처음인 것이다. 그리고 이 엄연한 사실이 그를 부끄럽게 만든다. 드미트리는 지금까지 여성을 '유혹의 대상'으로 취급했지만, 안나는 그에게 '깨달음의 주체'로 다가왔다. 안나가 자신이 여행을 떠나온 이유가 '현재의 삶을 벗어나고 싶은 탈출의 욕망'이었다는 것을 깨닫는 순간, 기다렸다는 듯 다가온 드미트리. 그는 '낯선 남자에게 불가능한 사랑의 욕망을 느끼는 여자'를 통해 오히려 '그 여자를 유혹한 자신에 대한 부끄러움'을 느낀다. 오직 순간의 '스쳐 가는 쾌락'으로 치부했던 여인들과의 만남이 이제 '나란 놈은 무엇인가?'를 아프게 자문하는 깨달음의 길이 되자, 그는 견딜 수 없는 심정이 된다. 하지만 그 사랑을 멈출 수가 없다. 그녀를 만나면 만날수록 그는 자기 자신이 누구인지를 천천히, 명료하게 깨달아 갔던 것이다.

호텔 방 안에 처량하게 앉아 있는 안나를 보자, 드미트리는 그만 말문이 막혀 버린다. 안나는 두려움에 떨고 있다. 기다란 머리카락을 쓸쓸하게 늘어뜨린 채, 마치 오래된 그림 속 죄 많은 여인 마리아 막달레나처럼 서글픈 얼굴로. "이제 더 이상 당신은 나를 존중하지 않겠지요." 여인은 자신을 나쁜 여자라 고, 천한 여자라고 자학한다. 사랑은 물론 남편에 대한 이해도 없이 스무 살에 덜컥 결혼한 안나는 노예처럼 일만 하는 남편 에게 어떤 감정도 느끼지 못한다. 안나가 홀로 여행을 떠나온 것은 어떤 막연한 동경 때문이었다. "더 멋지게 제대로 한번 살 아 보고 싶었어요. 제대로, 제대로 말이에요." 하지만 바로 그 호기심, 여기가 아닌 저 너머에 다른 삶이 있을 거라고 막연히 꿈꾸는 그녀의 호기심이 자신을 파괴해 버렸다며 안나는 괴로 워한다. 이 순간 나는 안나의 마음속 깊은 곳에 웅크린 절망과 공포, 그 밑에 수줍은 새싹처럼 조심스럽게 돋아나는 사랑의 감정을 느꼈다. "그녀가 미친 사람처럼 중언부언하며 '나는 타 락했다.'고 고백하는 순간, 나는 오히려 그녀의 순수를 보았다."

결국 안나가 떠나고 나서야 드미트리의 진짜 사랑은 시작된 다. 다시 평소 삶으로 쉽게 돌아올 줄 알았던 드미트리는 갑자 기 다시는 예전 삶으로 결코 돌아갈 수 없는 자신을 발견한다. 미친 듯이 괴로워하고 후회하고 그리워하다가, 더 이상 참을 수 없게 된 그는 아무런 대책 없이 안나를 찾아간다. 그가 진정으로 안나를 사랑하게 된 것은 바로 이 순간이다. 만날 수 있다는 희망도 없이, 만나서 무얼 하겠다는 계획도 없이 제정신이 아닌 채 그녀에게 찾아간 순간, 그는 '나'라는 이름의 단단한 장벽을 스스로 깨뜨린 것이다. 그것이 불륜이기 때문이 아니라 그것이 '나답다.'고 생각하던 이미지의 완전한 전복이기에, 그는 이 순간 결정적으로 변모한 것이다.

안나에게는 지금까지 '그리운 남자, 하지만 가질 수 없는 남자'였던 드미트리가 이제는 '다시는 놓치고 싶지 않은 사람, 내 인생을 통째로 바꿔 버린 사람'이 되어 버린다. 두 사람은 이 불가능한 사랑을 경험하지 못했다면 결코 영원히 철들지 못할 어린아이들이었다. 결코 이런 사랑에 빠지지 않으리라 결심하는 사람들에게도, 이런 사랑은 서로를 파괴할 뿐이라는 것을 이미 알고 있는 사람들에게도 이 소설은 가슴 시리도록 아름답게 다가온다. 그들은 삶에 대한 권태 때문에 위험한 사랑을 시작하지만, 그 속에서 발견하는 것은 '이 세상에 하나뿐인 그 자신'이다. 누구에게도 털어놓을 수 없는 은밀한 사랑, 그것은 이 세상 그 무엇으로도 환원할 수 없는 '한 사람의 무의식'의 풍경을 보여 주는 가장 투명한 거울이다.

융은 말했다. "사랑이 지배하는 곳에는 권력이 없으며, 권력이 지배하는 곳에는 사랑이 없다."고. 드미트리가 남녀관계에서 '권력'의 우선권을 쥐고 있었을 때는 결코 '사랑'이 자리할 자리가 없었다. 이제 내가 우선권을 쥐겠다는 열망이 사라지자, 그 권력의 빈자리에는 비로소 사랑이 들어차기 시작했다. 내 마음을 향한 끝없는 탐험, 위험하지만 결코 포기할 수 없는 탐험이 비로소 시작된 것이다.

도대체 왜 그녀는 그를 그토록 사랑하는가? 그는 언제나 여자들에게 본래 모습으로 보이지 않았다. 여자들은 그 자체가 아니라, 자신들이 상상으로 만들어 놓은, 평생 간절히 원하던 그런 사람으로 그를 사랑했다. 그런데 자신들의 이런 실수를 알아차리고도 그들은 여전히 그를 사랑했다. 그리고 그들 중 누구도 그로 인해 행복하지 않았다. 흐르는 시간 속에서 그는 사귀고 가까워지고 헤어졌지만, 한 번도 사랑한 적은 없었다. 다른 것은 몰라도 사랑만은 없었다.

그런데 지금, 그의 머리가 세기 시작한 지금, 그는 진심

으로 사랑하게 되었다. 태어나서 처음으로.

안나 세르게예브나와 그는 아주 가깝고 친밀한 사람처럼, 남편과 아내처럼, 절친한 친구처럼 서로를 사랑했다. 그들은 서로를 운명이 맺어 준 상대로 여겼다. 그가 왜 결혼을 했고, 그녀가 왜 결혼을 했는지 이해할 수가 없었다. 마치 두 마리의 암수 철새가 잡혀 각기 다른 새장에서 길러지는 것 같았다. 그들은 과거의 부끄러웠던 일들, 현재 일어나는 일들을 서로 용서했다. 그리고 이 사랑이 자신들을 바꿔 놓았음을 느꼈다.

— 안톤 체호프, 『개를 데리고 다니는 부인』에서

3부

타인의 시선, 진정한 성장의 시험대

위로만 자라는 것이 아니라 아래로도 자라는 우리
자신의 내면적 성장을 가로막는 가장 커다란
장애물은 '타인의 시선을 끊임없이 의식하는 내 안의
또 다른 나'다. 나는 충분히 잘해 낼 수 있는 것도
'저 사람이 나를 인정하지 않으면 어떡하지?'라는
걱정 때문에 망쳐 버리곤 했다. 나는 더 자유롭고 더
눈부시게 날아오르고 싶은데 '사람들이 과연 나를
어떻게 생각할까?'라는 내 안의 검열 때문에 날고
싶어도 날지 못한 적이 참으로 많았다. 이렇게 결국
자신을 파괴하는 자기검열이 바로 내가 반드시 싸워
이겨야 할 '내 안의 괴물'이다.

내 안의 괴물과 싸워 이기기 위해, 우리는 '그 무엇과도 용감히 대적할 수 있는 내 안의 힘'을 느낄 수 있어야 한다. 우리의 의식이 아직 느끼지 못할 때조차도, 우리 무의식 안에는 '누구도 건드릴 수 없는 자기 안의 현자'가 있다. 모든 질문에 답할 수 있고, 모든 슬픔을 치유할 수 있는 자기 안의 가장 용감하고 지혜로운 멘토가 있다. 바로 그런 자기 안의 멘토를 스스로 발견하는 것이 내적 성장의 황금열쇠다

15

내 마음속의 사자를 응시하라

내면의 진정한
영웅 이야기

'노후'와 연관된 검색어 중 유독 눈에 띄는 것들은 '파산'이나 '은퇴'다. 노후 하면 떠올리는 이미지들은 대부분 길고 지루하며, 쓸쓸한 쇠락의 모습들이다. 100세 시대가 되면서 사람들은 예전보다 한층 더 심각한 노후 걱정을 부담으로 떠안게 되었다. 단지 늙고 병들고 경제적으로 압박을 받기 때문에 힘든 것만은 아니다. 은퇴로 인해 수입이 끊기고 자식들도 모두 품을 떠났을지라도 우리 마음은 그 후로도 아주 오랫동안 젊기 때문이다. 나이가 들어서도 여전히 하고 싶은 것들이 많다는 것이야말로 노후가 힘겨운 또 다른 이유가 아닐까. 흰머리와 주름살은 늘어만 가는데, '마음'만은 자꾸 무언가를 원하고 꿈꾸고 갈망한다는 것. 그것이 노후라는 시기가 인간에게 고통스러운 진짜 이유일지 모른다.

노후란 아무리 철저히 준비하고 계산해도 쓸쓸하고 후회스럽다. 특히 '경제적 노후'를 대비하느라 '정신의 노후'를 돌볼 길 없는 한국인들에게는 더욱 치명적인 집단적 공포의 대상이 바로 노화다. 동안(童顔)에 대한 과도한 집착이나 유산 상속을 향한 피비린내 나는 전투가 일상화되어 가는 지금, 노후 생활은 우리 사회의 가장 중요한 심리학적 과제라 할 수 있다. 평균수명은 늘어만 가고, 장기 불황으로 인해 노인의 경제 활동은 점점 어려워지는 시대. 품위 있는 노후, 존경받는 어른, 존엄을 지키는 말년이란 인생에서 가장 어려운 과제가 되었다.

이런 문제를 생각하며 나는 문득 『노인과 바다』를 떠올렸다. 문학작품 속에서 멋지게 늙어 간 몇 안 되는 사람들을 손꼽아 보니, 『그리스인 조르바』와 『노인과 바다』가 가장 먼저 떠올랐다. 조르바의 유목민적 삶의 노선도, 산티아고의 구도자적 삶의 노선도 결코 쉽지 않다. 세상 무엇에도 얽매이지 않고 자유로이 살아가는 조르바의 인생은 감히 따라 하기도 어려운 경지이지만, 산티아고는 왠지 우리 자신을 더 많이 닮은 것 같다.

산티아고는 끝까지 도전하고 매번 실패하지만 절대로 포기하지 않는다. 그는 '만인의 영웅'은 아니지만 내 마음속의 진정한 영웅이다. 우리 현대인의 쓸쓸하고 각박한 노후를 생각하며 『노인과 바다』를 다시 읽으니, 한 인간의 비극적 실패담이 아니라 오히려 '어떻게 늙어 가야 할 것인가?'라는 화두를 던져 주는 소중한 마음챙김의 텍스트로 다가온다.

산티아고는 벌써 몇 달째 물고기를 한 마리도 잡지 못했다. 다들 그를 '한물간 퇴물 어부' 취급하지만, 그를 친부모처럼 따르고 챙기는 소년만은 산티아고를 최고의 어부로 인정한다. 소년은 산티아고에게 고기 잡는 법을 하나하나 배웠다. 끼니를 못 챙길 정도로 가난한 산티아고를 위해 소년은 먹을 것과 마실 것을 가져다주며 애처롭게 눈물짓는다. 그러던 어느 날, 산티아고는 배를 타고 바다 멀리 나가 드디어 거대한 청새치 한 마리를 발견한다. 평생 고기잡이만 해 온 산티아고도 지금까지 본 적 없는, 실로 아름답고 커다란 청새치였다.

그러나 보잘것없는 어구(漁具)는 물론 체력까지 바닥난 산티아고는 혼자서 이 강력한 물고기와 대적할 상황이 아니었다.

산티아고는 지쳐 쓰러질 것 같은 상황에서 소년을 생각한다. "그 애가 있었으면 얼마나 좋았을까. 그 애는 나를 도와줄 테고, 이런 멋진 구경도 함께 할 수 있었을 텐데." 프랑스 격언 중 이런 말이 있다. "젊음이 알 수만 있다면, 그리고 늙음이 할 수만 있다면!" 젊음은 무엇이든 할 수 있지만 인생의 지혜를 알지 못하고, 늙음은 무엇이든 알고 있지만 그 모든 것을 해낼 체력이 부족하다. 그러니 늙음과 젊음의 공존은 사회 전체의 균형감각을 위해서도 꼭 필요하다. 『노인과 바다』에서 소년은 노인의 오랜 경험과 풍부한 지혜를 동경하고, 노인은 소년의 활달한 기상과 뛰어난 체력을 절실히 필요로 한다.

드디어 결전의 순간이 다가온다. 청새치를 잡으려 온 힘을 다해 몇 날 며칠 잠을 설치며 사투를 벌이면서도, 산티아고는 청새치에 대한 존경심을 잃지 않는다. 그는 인간이 얼마나 커다란 역경을 견딜 수 있는지, 인간이 과연 얼마나 큰일을 해낼 수 있는지를 증명하고 싶었다. 고기가 엄청난 괴력으로 노인의 초라한 배를 뒤집어 버릴 것 같은 순간에도, 그는 얼마든지 승복하겠다고 마음먹는다. "네가 나를 죽일 셈이로구나. 그래, 넌 충분히 그럴 자격이 있어. 내 평생 너처럼 크고 아름답고 침착하고 위엄 넘치는 고기를 본 적이 없거든. 네가 날 죽인다 해도 조금도 서운하지 않아." "형제여, 어서 와서 날 죽여 다오, 누가 죽든 이제는 상관없구나." 바로 이런 생각을 할 때쯤, 노인이 던져 맞춘 작살이 고기의 배를 갈랐고, 거대한 청새치는 새하얀 배를 드러내고 은빛 바다 위에 누워 출렁인다.

그러나 이 눈부신 승리는 오래가지 않는다. 더 큰 곤경은 고기를 다 잡은 후에 시작된다. 거대한 상어 떼들이 신선한 피 냄새를 맡고 전속력으로 쫓아온 것이다. 피가 거꾸로 솟는 듯한 분노가 노인을 휘감는다. 이 고기가 단순한 노획물이 아니라 이제는 '자기 자신의 일부'처럼 느껴졌기 때문이다. 노인은 사력을 다해 상어 떼와 싸운다. 차라리 꿈이라면 싶다. 상어에게 물려 뜯기고 병신이 되어 버린 청새치를 바라보고 싶지 않았다. 그저 평범하고 별 볼일 없는 하루를 보냈더라면 이토록 뼈아픈 상실감은 느끼지 않았을 텐데.

그때 산티아고의 메마른 입술에서 터져 나오는 명대사가 바로 이것이다. "그러나 인간은 이만한 일에 포기하지 않아. 인간은 넘어질 수는 있어도, 결코 무릎 꿇지는 않아." 노인은 그야말로 젖 먹던 힘까지 다해, 상어의 누런 눈알을 향해 마지막 남은 칼을 내리꽂는다. 놈은 죽어 가면서도 물어뜯은 고기를 삼키고 있다. '이것이 생명이구나!' 느끼는 순간이다. 죽는 순간에도 결코 욕망의 끈을 놓을 수 없는 것이다.

그는 사력을 다해 몰려드는 상어 떼와 싸웠지만 결국 고기는 거의 뼈만 남고 말았다. 마을 사람들은 노인이 실종된 줄 알고 구조대까지 출동시켰지만 그는 궁극적으로 '무사히' 돌아왔다. 살아 있으니까, 아직은 희망이 있으니까. 소년은 간신히 살아 돌아온 산티아고를 바라보며 하염없이 눈물을 흘린다. 뼈만 남은 고기의 시체, 아니 잔해. 그리고 껍질이 다 뜯겨 나가 생살이 그대로 드러난 노인의 앙상한 손만 봐도 소년은 모든 것을 짐작할 수 있었기에. 산티아고를 비웃던 마을 사람들까지 모두 그의 안부를 걱정한다. "코에서 꼬리까지 자그마치 18피트나 돼." "정말 엄청난 고기야. 이런 건 태어나서 처음 봤어." 모두들 산티아고가 결코 '퇴물'이 아니라는 것을 알게 되었다. 그의 눈부신 도전과 위대한 실패를 모두가 인정하게 된 것이다.

기진맥진하여 잠들어 있던 산티아고는 자신을 위해 커피를 가져온 소년을 본 순간 새로운 사실을 뼈저리게 깨달았다. 바다 위의 거대한 싸움만 생각하다 자신이 하마터면 놓칠 뻔한 것이 무엇인지를. 다 잡은 고기를 상어에게 빼앗겼지만, 몇 번이나 목숨을 잃을 뻔했지만 거대한 청새치보다도 더 커다란

생의 기쁨을 깨달은 것이다. 바로 소년과의 끈끈한 우정이었다. "얘야, 그동안 네가 없어서 얼마나 아쉬웠는지 아니." 실로 오랜만에 산티아고는 평화롭게 잠들어 비로소 단꿈을 꾸기 시작한다.

여기서 매우 결정적인 꿈의 상징이 등장한다. 산티아고는 초원을 내달리는 거대한 사자의 꿈을 반복해서 꾼다. 바로 그 '거대한 사자의 이미지'야말로 산티아고가 주변의 온갖 멸시 속에서도 남몰래 간직해 온 '진정한 자기 이미지(self image)'인 것이다. 그가 다시 초원을 달리는 사자의 꿈을 꾸었다는 것은 그의 자존감이 여전히 무너지지 않았다는 걸 의미한다. 산티아고는 겉보기엔 초라한 독거노인이지만 그 진정한 내면의 초상은 바로 초원을 달리는 거대한 사자였다. 산티아고는 만선의 꿈을 이루는 데는 실패했지만, 노인이 '사자의 꿈'과 '소년의 우정'을 되찾았다는 점에서 내면의 진정한 성공담이기도 하다.

노인이 초원을 달리는 사자의 꿈을 다시 꾸기 시작했다는 것은 여전히 그가 영혼의 젊음을 잃지 않았다는 걸 증명한다. 한 사람 한 사람의 내면에 숨은 진정한 영웅의 이미지를 발견해 내는 것이 심리학의 궁극적 과제다. 어떤 힘겨운 상황에서도 '내 마음속의 사자 한 마리'를 결코 잃지 않는 것이야말로,

마음만은 결코 늙지 않는 최고의 비결이다.

노인은 여전히 등에 낚싯줄을 걸친 채 줄이 물속에 비스듬히 꽂힌 채 조각배가 꾸준히 북서쪽 방향으로 끌려가는 것을 지켜보았다.

이러다가 죽을 테지, 하고 노인은 생각했다. 언제까지고 이렇게 버티고만 있을 수는 없을 테니까. 그러나 4시간이 지나도록 고기는 여전히 배를 끌면서 먼 바다로 헤엄쳐 나가고 있었고, 노인은 여전히 낚싯줄을 등에 감은 채 꿋꿋이 버티고 있었다.

—어니스트 헤밍웨이, 『노인과 바다』에서

노인이 초원을 달리는 사자의 꿈을

다시 꾸기 시작했다는 것은

여전히 그가 영혼의 젊음을 잃지

않았다는 걸 증명한다.

한 사람 한 사람의 내면에 숨은

진정한 영웅의 이미지를 발견해 내는

것이 심리학의 궁극적 과제다.

어떤 힘겨운 상황에서도 '내 마음속의

사자 한 마리'를 결코 잃지 않는

것이야말로, 마음만은 결코 늙지 않는

최고의 비결이다

16

'보이지 않는 시간'을 소중히 여겨라

콤플렉스와
대화하는 삶

콤플렉스는 참 변화무쌍하다. '나쁜 것'인 줄로만 알았는데 때로는 좋은 역할을 하고, 이제는 드디어 사라졌구나 싶으면 뭔가 다른 모습으로 변신해서 우리를 괴롭힌다. 내가 글쓰기를 시작한 것은, 실은 말하기 콤플렉스 때문이었다. 말하기가 싫어서 글쓰기로 도피했다. 많은 사람들 앞에서 시선 처리는 물론 목소리 강약을 조절하는 것도 어려웠기에, 나는 무대공포증을 피해 조용히 글 쓰는 삶을 선택했다. 그런데 글을 쓰다 보니 자꾸 말할 일이 생겼다. 여기저기서 온갖 종류의 강의를 해야 했고, 글을 쓰기 전보다 훨씬 더 다채로운 사람들을 만날 기회가 생겼다. '어, 이게 아닌데!' 싶었지만 이미 늦어 버렸다. 내 글이 사랑받을수록 내 강의도 '출동'을 요구받았다.

그러던 어느 날 신기한 일이 벌어졌다. 가끔은 말하기가 글쓰기보다 더 행복한 일이 아닐까, 생각하기 시작한 것이다. 내 말을 들어 주는 사람들의 반짝이는 눈빛이 아름다웠다. 독방에서 원고를 쓸 때는 결코 확인할 수 없는 독자들의 생생한 반응을 오감으로 느끼며 '이것이 바로 말하기의 기쁨이구나!' 감탄하게 된 것이다.

그때부터 나는 '콤플렉스와 대화하는 삶'이 중요하다는 걸 깨달았다. 콤플렉스를 꽁꽁 숨겨 두기만 하면 문제는 전혀 해결되지 않는다. 나에게 이러저러한 콤플렉스가 있다고 고백하는 순간 이미 치유는 반쯤 시작된 것이다. 나는 스스로 '말주변이 없고 어눌하다.'고 생각했지만, 자꾸 본의 아니게 말하기 훈련을 하다 보니 '생각보다 말을 잘한다.'는 뜻밖의 칭찬을 듣기도 한다. 그때마다 쥐구멍으로 숨고 싶지만, 다행히 이제는 말하기가 예전만큼 두렵지 않다. 엄청난 말하기 비법이 따로 있는 것이 아니라 '내 마음, 내 분위기, 내 성격에 맞는 나만의 말하기'로 밀고 나가면 된다는 걸 이제는 알기 때문이다.

'말하기의 이상형'을 세워 놓고 따라 하려면 식은땀부터 흐르지만, 그냥 부족한 대로, 울퉁불퉁한 대로, 그리고 본연의 나 자신으로부터 한 발짝도 벗어날 수 없다는 것을 인정하면 신기하게 마음이 편해진다. 콤플렉스와 대화하는 삶이야말로 내면의 성숙을 위해 꼭 필요한 마음의 문턱이었던 것이다. 융은 말한다. 우리가 콤플렉스를 가지고 있는 것이 아니라, 콤플렉스가 우리를 가지고 있는 것이라고. 그래서 내가 콤플렉스를 조절하는 것이 아니라 콤플렉스가 나를 조종하게 내버려 둔다면, 문제는 더욱 심각해진다.

『도리언 그레이의 초상』은 바로 그 강력한 콤플렉스가 한 젊은이의 인생을 완전히 파괴시켜 버리는 비극이다. 이 이야기의 독특한 점은 '우월감도 콤플렉스의 일종'임을 흥미롭게 보여 준다는 것이다. 도리언 그레이는 자신의 외모가 대단하다는 것을 잘 몰랐다. 불세출의 화가 바질이 그의 초상화를 그려 주기 전까지는, 그 초상화를 쾌락주의자이자 염세주의자인 헨리 경이 극찬하기 전까지는. 자신을 그리스 신화의 아도니스급으로 숭배하는 바질이 심혈을 기울여 그린 초상화를 통해 그레이는 자신의 외모가 국보급임을 깨닫는다. 현대판 나르키소스가 탄생하는 순간이다.

도리언 그레이는 이제 자신만을 사랑할 뿐 그 누구도 진정 사랑하지 못하게 된다. 여기에 언어의 마술사인 헨리 경이 비평의 기름을 붓는다. "미(美)는 천재성의 일종이야. 실은 천재성보다 더 위대한 것이 바로 미야." "미는 그 미를 갖춘 사람을 절대군주로 만들지." "유혹을 이기는 유일한 방법은 유혹에 굴복하는 거야." 헨리 경은 그레이를 쾌락주의로 이끌며 '찰나의 젊음'과 '곧 사라져 버릴 아름다움'을 즐길 수만 있다면 뭐든 해도 좋다고 부추긴다.

순박한 청년 그레이에게 헨리 경은 '자기 예찬'이라는 밑 빠진 독을 선물하고 만다. 그레이는 부모 없이 외롭게 자랐기 때문에 안타깝게도 헨리 경을 자신의 정신적 지주로 삼아 버린다.

급기야 그레이는 지금까지 늘 당연한 것으로 여겼던 거울 속 아름다움이 이제 곧 사라질 것임을 절감하면서, 끔찍한 소원을 발설해 버린다. "초상화의 저 완벽한 얼굴이 내 것이 되고, 얼마 못 가 늙고 추해질 진짜 얼굴이 초상화가 되었으면!" 그럴 수만 있다면 영혼이라도 통째로 내주겠다고 말하는 그레이를 바라보며 독자의 가슴은 오그라든다. 이렇게 현대판 파우스트가 탄생한다. 괴테의 파우스트는 완벽한 지성을 위해 영혼을 팔았지만, 도리언 그레이는 완벽한 미모를 위해 영혼을 판 셈이다.

놀랍게도 그레이의 얼토당토않은 소원은 이루어진다. 초상화 속 얼굴은 그가 나쁜 짓을 할 때마다 점점 추악하고 야비하게 바뀌어 가고, 살아 움직이는 그레이는 완벽한 방부제 미모를 과시한다. 현실과 환상이 완전히 뒤바뀐 것이다. 그레이는 그때부터 자신의 미를 인간관계에 이용하기 시작한다. 스스로의 아름다움을 더욱 적극적으로 과시하고, 남녀노소 가리지 않고 사람들을 유혹하여 쾌락에 빠지게 하며, 마약에까지 손을 뻗친다.

쾌락이 있는 곳에 그레이가 있다. 그리고 그레이가 있는 곳에 파멸이 있다. 그레이와 함께 쾌락에 도취된 사람들은 하나같이 중독이나 자살 같은 파국을 향해 치닫는다. '마흔 이후에는 자기 얼굴에 책임을 져야 한다.'는 속설에는 살아온 속사정이 얼굴에 드러나기 마련이라는 믿음이 깃들어 있다. 그레이는 그런 책임을 질 필요가 없기에, 끝없는 쾌락과 사악한 충동을 실현하며 급기야 살인까지 저지른다.

무의식에 도사린 콤플렉스, 그리고 겉으로 보이는 성격인 페르소나와의 거리감을 어떻게 조정하느냐에 따라 삶은 완전히 달라진다. 건강한 사람은 결핍을 있는 그대로 인정한다. '모자라면 어때, 이게 바로 나야.' 하고 웃어넘길 줄 안다. 자신의 그림자를 돌보지 않는 사람, 콤플렉스와 페르소나와의 거리를 생각해 보지 않는 사람은 '이상적인 자아상'을 만들어 놓고 그것이 곧 자기라고 생각해 버린다.

바질과 헨리를 만났을 때 그레이가 겉으로 보이는 아름다움의 찰나성과 허무를 깨닫고 더 깊고 넓은 잠재력을 찾으려 노력했다면, 그의 삶은 분명 달라졌을 것이다. 그레이의 삶에는 참으로 소중한 인연들이 많았다. 그를 진정으로 사랑해 준 여배우 시빌의 지고지순한 애정을 받아주었다면 그레이는 타락을 멈추고 참다운 삶을 향해 나아갈 수 있었다. 바질이 그의 문제점을 알고 잘못을 일깨워 주려 했을 때, 그를 잔혹하게 죽이지 않고 그의 조언을 들었다면 그레이는 그때부터라도 새로운 삶을 살 수 있었다. 그레이에게 앙심을 품은 시빌의 동생이 그를 죽이려 했을 때 용서를 빌었다면, 다시 새 삶을 시작하려 애썼다면 그의 삶은 달라질 수 있었다.

그러나 오직 쾌락과 도취, 승리와 정복의 욕망에 길들여진 그의 신체는 말초적인 향락에만 반응할 뿐이다. 내적 깨달음이 주는 느리고 오래가는 기쁨을 이해하지 못한다. 그는 '우월감'이라는 콤플렉스에 도취되어 고개를 숙이고 잠시 타인의 조언을 경청해야만 들리는 삶의 진실을 듣지 못했다. 점점 추악하게 변해 가는 초상화가 바로 내면의 그림자였음을 감지했다면, 그는 자신의 그림자를 돌보는 것이야말로 멋진 인생의 시작임을 깨달았을 것이다.

　오늘도 나는 내 무의식에게 묻는다. 너는 어디까지 네 모습을 보여 줄 수 있니? 얼마만큼 세상 밖으로 나올 수 있니? 무의식 속에서 유유히 헤엄치던 나의 콤플렉스는 내게 속삭인다. '남들에게 보이는 시간'보다 '남들에게 보이지 않는 시간'을 소중히 여기라고. 강의하고 글 쓰고 사람들과 대화하며 나를 표현하는 시간도 좋지만, 조용히 나를 돌아보고 한없이 공상에 빠져 보는 시간을 가지라고. 아직은 나보다 내 무의식이 더 똑똑한 것 같다. 다행히 나는 내 무의식의 조언을 기쁘게 받아들인다. '말로 표현할 수 없는 나'를 생각하는 '보이지 않는 시간'이야말로 내게 아직도 턱없이 부족한 마음챙김의 시간이다.

"나는 영원히 아름다운 모든 것을 질투합니다. 당신이 나를 모델로 그린 초상화를 질투해요. 왜 이 그림은 내가 잃을 수밖에 없는 것을 간직할 수 있는 거지요? 흐르는 시간이 내게서 무엇인가를 빼앗아 가고, 대신에 그 무엇을 이 그림에 줄 것입니다. 오, 그것이 반대로 될 수만 있다면! 변하는 것은 그림이고, 나는 영원히 지금의 나로 머물 수 있다면!"

— 오스카 와일드, 『도리언 그레이의 초상』에서

'내 삶의 스토리'를 써 내려가라

진짜 적은 내 안의
'조작된 자아'

우리는 가끔 이렇게 엄청난 허풍을 떠는 사람들을 만날 수 있다. "내가 만약 정치를 했으면 대통령도 되고 남았을 사람이야. 최소한 국회의원은 됐겠지." "내가 이렇게 조용히 살아서 그렇지, 마음만 먹었으면 위대한 인물이 될 수 있었어." "내가 왕년에 영화배우 뺨치게 멋있었다니까." 그러면 이렇게 묻고 싶다. 왜 그렇게 마음을 안 먹었나요? 마음만 먹으면 됐을 것을, 왜 마음 따라 살지 않았나요?

하지만 허풍은 '남에게 비친 자신의 이미지'를 한껏 부풀리고 싶은 인간의 본성이다. 허풍선이들만 이렇게 화려한 상상 놀음을 하는 건 아니다. 누구나 조금씩 '내가 좀 더 좋은 환경에서 태어났다면', '더 좋은 나라, 더 좋은 부모 밑에서 태어났다면' 하고 상상해 본다. 내가 부잣집에 태어났다면, 그때 내가 조금만 더 똑똑했다면, 나에게 좀 더 힘이 있었다면…… 하고 가정할 때마다 우리의 자아는 극심한 스트레스를 받는다.

『위대한 개츠비』의 주인공은 '그때 내가 성공한 남자였다면'이라는 가정 속에서 평생 자신을 괴롭힌다. 그때 내가 부자였다면, 성공했다면, 그녀에게 어울리는 남자였다면 그녀가 나를 받아주었을 거라는 생각 때문에 개츠비는 자신의 인생을 통째로 바꾸게 된다. 데이지와 개츠비는 젊은 시절 한때 불꽃처럼 사랑했지만, 이미 톰과 결혼한 지금 데이지는 더 이상 예전의 그녀가 아니다.

데이지에게 어울리는 남자가 되기 위해, 물불 가리지 않고 어떻게든 성공하여 돌아온 개츠비가 가장 받아들이기 힘든 것이 바로 데이지의 아이다. 데이지의 아이를 마치 유령 쳐다보듯 넋 빠진 모습으로 바라보는 개츠비는 '그녀가 결혼했고, 아이까지 있다.'는 현실로부터 도피하기 위해 끊임없이 데이지에게 과거 두 사람의 '가장 멋진 시절'을 상기시킨다. 남편의 바람기와 자신에 대한 무관심 탓에 괴로워하던 데이지는 덜컥 흔들린다. 내가 가장 아름다웠던 시절, 내가 가장 빛나던 시절을 이 남자는 눈부시게 기억해 주니까. 그저 기억하는 정도가 아니라 지금도 나를 그때 그 시절의 형형한 눈빛으로 바라봐 주니까.

하지만 흔들림은 거기까지였다. 데이지는 자신의 인생이 송두리째 흔들리는 것은 견딜 수 없다. 개츠비는 끊임없이 '데이지는 톰의 아내'라는 현실을 부정하고 '데이지와 자신의 재결합'을 기정사실화하기 위해 가망 없는 노력을 쏟아붓는다. 사람들은 개츠비를 '희대의 로맨티스트'로, '비운의 로맨틱 가이'로 기억하지만, 사실 개츠비는 옛사랑에 집착하느라 자신의 출생과 학력은 물론 인생 자체를 조작한 인물이다. 닉은 '개츠비가 조작해 낸 자기 이미지'와 '개츠비를 바라보는 사람들의 시선'과도 멀리 떨어져서, 개츠비를 '있는 그대로의 모습'으로 보려 한 유일한 친구다.

닉의 눈에 비친 개츠비는, 오직 사랑하는 여인을 유혹하기 위해 공들여 창조해 낸 호화로운 건물 속에서 오히려 소외당해 지쳐 보인다. 개츠비는 쉴 새 없이 재깍재깍 돌아가는 '시계'를 유독 싫어하는데, 시계는 곧 '붙잡을 수 없는 시간', 즉

'바꿀 수 없는 현실'을 상징하기 때문이 아닐까.

아무리 아름다운 꿈도 그 꿈에 집착하기 시작하면 점점 '현실의 나'와 멀어지는 인식의 장벽이 된다. 데이지를 향한 사랑은 개츠비의 진정한 열망이었지만, 데이지가 처한 현실 자체를 인정하지 않으려는 개츠비는 전형적인 '회피(avoidance)'의 심리 상태를 벗어나지 못한다. 회피 또한 자신의 진짜 문제를 직시하지 못하게 만드는 방어기제다. 과거의 데이지는 신분의 차이를 뛰어넘어 개츠비를 사랑할 수 있는 낭만적인 여인이었다. 하지만 현재의 데이지는 남편이 보장해 주는 안정적인 생활의 그물과 주변의 평판으로부터 결코 자유롭지 못하다.

개츠비는 '사랑을 위해 자신이 누릴 수 있는 모든 것을 아낌없이 버린 남자'로 미화되기도 한다. 반면 평생 진정한 자신의 모습과 만나는 것을 회피하다 결국 진짜 자아와 대면하지 못하고, 자신이 창조한 가상의 자아를 껴안은 채 죽어 간 비극적인 인물로도 보인다.

누구나 '이상적 자아'와 '현실적 자아' 사이의 충돌을 경험한다. 그런데 이 둘 사이의 간극을 좁히기 위해 진실한 노력을 하지 않고 '조작된 자아'를 만들어 내는 순간, 문제가 발생한다. 이 '조작된 자아'와 '이상적 자아'의 동일시가 심해지면 점점 '현실적 자아'와 멀어지게 되고, 자기가 조작해 낸 가짜 자아의 형상을 진짜로 믿어 버리게 된다. 진실한 나는 점점 현실에서 멀어지고 정작 자기실현에 써야 할 에너지는 자기 조작을 위해 쓰인다.

개츠비는 사회적 차원에서는 성공한 인물처럼 보이지만 그의 내면은 처참하게 부서져 있다. 그는 이상적 자아와 현실적 자아 사이의 간극을 좁히기는커녕, 오히려 이상적 자아를 확립하기 위해 천신만고 끝에 '조작된 자아'를 만들어 낸다. 결국 그 환상적 자아가 본래의 자아를 좀먹어 버렸다.

내가 나를 바라보는 자아상(self image)과 타인이 나를 바라보는 이미지는 다를 수밖에 없다. 문제는 타인이 나를 어떻게 바라보는지에 대해 지나치게 무지하거나, 내가 나를 바라보는 자아상이 터무니없이 과대평가되어 있을 때다. 물론 타인의 눈에 비친 내 모습이 완전히 잘못되었다고 느낀다면 그 편견과 싸워야 한다. "그건 너답지 않아!" "나다운 게 뭔데?" 이런 식의 대사가 영화나 드라마에 자주 나오는 이유는, 그만큼 '타인의 눈에 비친 나'와 '내 눈에 비친 나'는 항상 충돌하기 때문이다.

하지만 '타인의 눈에 비친 나'를 향한 기대에 맞추기 위해

'또 다른 나'를 만들어 낼 필요는 없다. 강인한 사람들은 타인에게 오해받는 것을 두려워하지 않는다. 오히려 '타인이 생각하는 나'와 '내가 생각하는 나' 사이의 엄청난 차이를 대범하게 즐기기도 한다. '내가 생각하는 나'의 핸들을 꽉 붙들 수만 있다면, 나를 향한 온갖 과도한 기대와 악성 댓글에도 흔들리지 않고 '내 삶의 스토리'를 내 영혼과 내 힘으로 써 나갈 수 있다.

개츠비가 '위대한 개츠비'가 아니라 '용감한 개츠비'로서 있는 그대로의 모습으로 데이지에게 다가갔다면 이 소설은 전혀 다른 방향으로 흘러갔을 것이다. 내 마음을 내 삶의 적으로 만들어서는 안 된다. 내 마음을 '나'라는 전체를 이끌어 가는 최고의 조력자로 만들어야 한다. 그러기 위해서는 '내 마음에 비친 모습'을 끊임없이, 좀 더 냉철한 시선으로 바라볼 필요가 있다. '내가 보고 싶은 모습'이 '내 마음에 비친 내 모습'을 끝내 가려 버리지 않도록.

"데이지, 이젠 모든 게 끝났소. 이제는 그런 건 아무 상관없어요. 저 사람에게 진실을 말하기만 하면 되는 거요…… 그를 한 번도 사랑한 적이 없다고……. 그러면 그 일은 영원히 말끔하게 지워지는 거요." 개츠비가 진지하게 말했다.

그녀는 멍하니 그를 쳐다보았다. "아니…… 어떻게 내가 저 사람을 사랑할 수 있겠어요……. 정말로 어떻게요?"

"당신은 저 사람을 한 번도 사랑한 적이 없소."

그녀는 잠시 머뭇거렸다. 호소하는 듯한 눈빛으로 조던과 나를 쳐다보았다. 마치 이제야 자신이 무슨 짓을 하고 있는지 깨달은 것 같았다. 또한 자신은 처음부터 어떤 행동도 하려고 했던 것이 아니라는 것 같았다. 그러나 이미 엎지른 물이었다. 되돌리기에는 너무 늦어 버린 것이다.

"저 사람을 사랑한 적이 없어요." 그녀는 눈에 띄게 내키지 않는 말투로 말했다.

(……)

"아, 당신은 너무 많을 것을 원해요!" 그녀가 개츠비에게 소리쳤다. "지금 난 당신을 사랑하고 있어요……. 그걸로 충분하지 않은가요? 과거는 어쩔 수 없잖아요." 그녀는 절망적으로 흐느껴 울기 시작했다. "저 사람을 한 번쯤은 사랑했단 말이에요……. 하지만 당신도 사랑했어요."

개츠비는 눈을 번쩍 떴다 감았다.

"나도 사랑했다고?" 그가 그녀의 말을 되풀이했다.

—F. 스콧 피츠제럴드, 『위대한 개츠비』에서

'내가 생각하는 나'의 핸들을 꽉 붙들 수만 있다면,

나를 향한 온갖 과도한 기대와 악성 댓글에도

흔들리지 않고 '내 삶의 스토리'를 내 영혼과 내

힘으로 써 나갈 수 있다

가면 뒤에 숨겨진 진심을 찾아라

아들러 심리학의 핵심은
'협력'

최근 아들러 심리학이 각광받는 이유는 다른 어떤 심리학 이론들보다 '구체적인 인간관계'의 측면에서 실질적인 처방을 내려 주기 때문인 것 같다. 프로이트 심리학은 트라우마의 기원을 머나면 과거에서 찾음으로써 모든 문제를 지나치게 어린 시절의 성적 경험으로 환원시킨다. 융 심리학은 꿈이나 무의식처럼 눈에 잘 보이지 않는 지극히 주관적이고 심층적인 문제를 분석함으로써 자기신비화의 위험에 빠질 수 있다. 반면 아들러 심리학은 놀랍도록 쉽고 단순하다.

아들러 심리학에는 어떠한 상징이나 은유도 없다. 프로이트와 융은 끊임없이 신화와 종교, 문학과 예술에서 사례를 가져오지만, 아들러는 실질적인 인간관계에서 문제를 도출하고 해답을 유도해 낸다. 아들러 심리학에서 '아주 작은 용기를 낸다면 누구나 영웅이 될 수 있다.'는 자기계발적 메시지를 발견하는 것은 빤한 결말이지만, 문제를 겪고 있는 사람은 분명 실질적인 도움을 찾을 수 있다. '지금 여기서 우리가 당면한 문제'에 대한 실용적인 해답을 내놓기 때문이다.

나는 이들 세 명의 심리학자들 중에서는 융을 가장 좋아하지만, 아들러 심리학의 꾸밈 없는 단순성에도 매력을 느낀다. 특히 복잡한 심리적 문제로 골머리를 앓을 때 아들러처럼 단도직입적으로 사태의 핵심을 뚫고 들어가는 해결 방식이 좋다. 최근 '소셜포비아'라는 심리학 용어가 유행을 타기 시작하자 나는 아들러를 가장 먼저 떠올렸다. 사회에 대한 공포, 집단생활에 대한 불안, 인간관계에 대한 혐오야말로 현대인이 처한 실질적인 문제이기 때문이다.

소셜포비아, 즉 사회공포증은 흔히 자기혐오에 뿌리를 둘 때가 많다. '내가 생각하는 나의 이미지가 애초에 마음에 들지 않으니 다른 사람과 어울리며 자신의 모습을 보여 주기가 두려워지는 것이다. 외모나 학벌에 대한 콤플렉스에 시달리거나, 사회적 지위와 체면에 대한 강박을 앓고 있는 사람들은 주로 '남에게 보이는 나'의 모습이 싫어 사회생활을 기피하곤 한다. 이와 반대로 세상이 마음에 들지 않아 사회생활을 기피하는 소셜포비아도 있다. 이 세상은 온통 마음에 안 드는 것들 투성이기에, 어찌 됐든 그 끔찍한 세상의 일부로 스스로를 편입시키는 일이 죽도록 싫은 것이다.

도스토예프스키(1821-1881)의 『지하로부터의 수기』나 다자이 오사무(1909-1948)의 『인간 실격』의 주인공이 바로 그런 경우다. 이들은 왕따를 당하는 것이 아니라 스스로 세상 전체를 교묘하게 따돌린다. 세상이 아름다워지기는 애초에 글렀으니, 차라리 적극적으로 은둔과 고립을 택하는 것이다.

자기혐오가 강한 사람들의 소셜포비아에는 '이 사회를 그리워하고 동경하는 마음'이 남아 있어 언젠가는 사회로 복귀할 희망이 있다. 그런데 세상을 증오하거나 사회 자체에 무관심한 경우는 '세상과 자신을 연결할 필요성' 자체를 느끼지 못하기 때문에 더욱 위험하다. 『인간 실격』의 주인공 오바 요조가 바로 그렇다. 요조는 사회생활에서 기쁨을 누리는 감각의 회로가 끊긴 상태다. 요조는 사람들이 웃고 떠들며 행복해하는 모습을 이해하지 못하며, 인간이 타인과 관계 맺음으로써 행복해질 수 있다는 가능성 자체를 불신한다.

자신처럼 세상에 대한 기대를 완전히 버린 여인과 동반자살을 하려다 그녀만 죽고 자신만 살아남은 끔찍한 트라우마까지 안고 사는 이 청년은 도무지 세상에 관심이 없다. 요조의 사진을 보면 이상하게도 기이하고 섬뜩한 기운이 느껴진다는 증언처럼, 그에게는 기쁠 때 환호하고 슬플 때 눈물 흘리는 감수성 자체가 아예 결핍된 것처럼 보인다.

하지만 요조에게는 묘하게 순진하고 귀여운 구석이 있는데, 그것은 그가 만화를 그리고 싶어 한다는 사실과 연관된다. 만화를 그리고 싶다는 것은 그가 아직 세상을 향한 희망을 느끼고 있다는 것, 세상과 섞이고픈 마음을 애써 숨겨 왔음을 드러낸다. 사실 요조에게는 자신의 모습을 이해해 주는 단 한 명의 친구가 있었다. 바로 학창 시절 유일한 친구였던 다케이치다. 요조는 사람들에게 진짜 모습을 보여 주기 싫어서, 마치 만년 오락부장처럼 언제 어디서나 사람들을 일단 웃기고 보려는 유머 강박이 있었는데, 다케이치는 처음부터 그의 '웃음 가면'을 단번에 알아보았던 것이다.

요조는 자기 안의 섬뜩한 내면을 드러내는 자화상을 그리곤 했는데, 그 그림을 솔직하게 보여 줄 수 있는 사람도 다케이치뿐이었다. 다케이치는 '아름다운 것을 아름답게 그린' 그림이 아니라, '무서운 것을 무섭게 그린' 요조의 괴물 그림을 이해한다. 괴물 그림을 세 장이나 연달아 보여 주자, 다케이치는 호기롭게 예언한다. "넌 훌륭한 화가가 될 거야." 자신의 진심을 알아주는 사람, 자신의 진짜 재능을 알아봐 주는 사람을 만난 순간. 그것이 요조가 경험한 유일한 기쁨의 시간이었다.

요조가 꿈에 그리던 미술학교에 진학하도록 아버지가 조금만 도와주었더라면, 그는 완전히 사회생활을 포기하는 상태까지 추락하지는 않았을 것이다. 하지만 사람들 앞에서 거침없고 유능한 정치인의 면모를 보여 주는 아버지가 아들에게는 조금의 관심이나 열정도 보이지 않는다. 그의 가족은 요조가 그저 '남을 웃기는 재주가 있는 아이'인 줄로만 알지, 그의 진짜 재능이 그림 그리기라는 것을 눈치채지 못한다. 학창 시절 잠시 친하게 지낸 친구 다케이치보다 요조의 진심을 몰라주는 가족 때문에 그의 사회공포증은 더욱 극대화된다.

다자이 오사무는 열한 명의 형제 중 막내로 태어났는데, 고리대금으로 큰돈을 번 뒤 거물급 정치인으로 성공한 아버지에 대한 원망과, 그런 집안 출신이라는 죄의식으로 괴로워했다고 한다. 자전적 성격이 강한 『인간실격』의 주인공인 요조가 겪는 고통도 바로 '가족'과 진실한 관계를 맺지 못한 자기 인생에 대한 회한에서 비롯된다. 요조에게는 '실패해도 괜찮아, 넌 지금 모습만으로도 충분히 멋지고 소중한 존재야!'라고 말해 주는 사람이 없었다. 다자이 오사무는 실제로 취직 시험에 떨어졌다는 이유로 자살을 시도하기도 했고, 연인과 동반자살을 기도한 적도 있으며, 마약중독에 빠져 감금되기도 했다. 그의 일생을 살펴보면 그 어디에도 완전히 마음을 의지할 곳이 없었던 것 같다. 소설 속에서도 요조의 가족은 그를 걱정하긴 하지만 그의 꿈과 희망과 분노와 우울의 정체를 이해하고 다독여 줄 만한 혜안이 없었다.

캐서린 제타 존스가 최고의 이탈리안 레스토랑의 셰프로 등장하는 영화 「사랑의 레시피」에는 프랑스 요리에 대한 짧은 퀴즈가 등장한다. "프랑스 요리에서 세 가지 핵심 비결은 무엇일까요?" 정답은? "첫째도 버터, 둘째도 버터, 그리고 셋째도 버터." 프랑스 요리에서 버터의 엄청난 중요성을 강조하면서도 풍자하는 난센스 퀴즈였는데, 이것을 아들러 심리학에 적용해 보자. 아들러 심리학의 핵심은? 첫째도 협력, 둘째도 협력, 그리고 셋째도 협력이다. 서로 협력하지 않으면 인간은 결코 인간다운 삶을 살 수 없다. 이 당연한 원리를 어떤 위급한 순간에도 결코 잊지 않는 것이 아들러 심리학의 핵심이다.

당신 주변에 심각한 정신적 문제를 앓고 있는 사람이 있는가? 바로 그 사람이 당신이 도와야 할 첫 번째 타인이다. 만약그 심각한 병을 앓고 있는 사람이 당신이라면, 당신 주변에서가장 따뜻한 눈빛을 가진 이에게 도움을 청해야 한다. 우리는스펙과 통장과 주민번호로 이루어진 인공지능 로봇이 아니다. 서로를 돕고 배려하고 걱정하고, 보듬어 안음으로써만 행복해질 수 있는 지극히 예민하고 섬세하며 아름다운 '사회 지향적'존재, 그것이 바로 우리 인간이니까. 집단적 소셜포비아에 빠진 우리 사회에서 가장 필요한 것은 바로 타인의 '가면' 뒤에숨겨진 진심을 알아보는 혜안이다. 웃음과 친절과 과잉 충성의가면 뒤에 가려진 우리의 숨은 상처를 서로가 어루만질 때, 우리 안의 소셜포비아는 비로소 치유되기 시작할 것이다.

넙치네 집을 나서서 신주쿠까지 걸어가 품에 지니고 있던 책을 팔고 나니 저는 또다시 막막해졌습니다. 저는 누구에게나 상냥하게 대했지만 '우정'이라는 것을 한 번도 실감해 본 적이 없었고(호리키처럼 놀 때만 어울리는 친구는 별개로 하고) 모든 교제는 그저 고통스럽기만 할 뿐이어서 그 고통을 누그러뜨리려고 열심히 익살을 연기하느라 오히려 기진맥진해지곤 했습니다. 조금 아는 사람의 얼굴이나 그 비슷한 얼굴이라도 길거리에서 보게 되면 움찔하면서 일순 현기증이 날 정도로 불쾌한 전율이 엄습할 지경이어서, 남들한테 호감을 살 줄은 알았지만 남을 사랑하는 능력에는 결함이 있는 것 같았습니다.

— 다자이 오사무, 『인간 실격』에서

19

감정의 격랑에 휩쓸리지 말자

감정조절, 현대인의
'미션 임파서블'

우리는 왜 타인을 필연적으로 오해하는 걸까. 타인의 의도를 명확히 이해하고 내 의사를 분명히 전달하는 일은 왜 이토록 어려운지. 우리는 '객관적'으로 '있는 그대로' 볼 수 있다고 믿지만, 실제로 완전한 객관성이란 불가능하다는 사실을 자주 잊는다. 얼마 전 나는 한 선배와 한 유명인에 대한 대화를 나누다가 같은 사람을 두고 그토록 다른 생각을 할 수 있다는 사실에 놀란 적이 있다.

선배와 내가 평소 정치적, 문화적 성향이 아주 비슷했기에 더욱 의아했다. 선배는 그 사람을 아주 비판적으로 바라보고 있었고, 나는 그 사람을 아주 우호적으로 평가했다. 선배는 언론에 나타난 그의 모습에 대해 부정적으로 평가했고, 나는 그 사람의 책을 읽고 나서 그를 높이 평가하고 있었다. 나는 나름 옹호하기 위해 그를 직접 만났던 경험을 바탕으로 내가 느낀 인상을 자세히 설명했는데, 선배가 대뜸 비난했다. "여자들은 왜 자기한테 잘해 주는 사람들은 다 좋게 이야기하는지 모르겠어. 결국 그 사람이 너한테 친절하게 대해 주니까 좋은 사람이라는 거잖아?"

이처럼 다분히 남녀차별적인 발언에 발끈하고 선배에게 불쾌감을 표시했지만, 집에 돌아와서는 혹시나 내가 그런 감정적 실수를 한 것은 아닌가 진심으로 되돌아보았다. 결국 우리는 모두 '감정적으로' 평가하고 있었다는 결론에 이르렀다. 선배는 유명인에 대한 익숙한 환멸 때문에, 나는 글 잘 쓰는 사람에 대한 동경 때문에 같은 사람을 전혀 다르게 평가하고 있었던 것이다.

감정을 벗어나 완전히 객관적인 판단이란 정말 불가능한 것일까? 최근 심리학자 권혜경의 『감정조절』이라는 책을 읽다가 나는 '치우친 감정이 내리는 판단'의 위험성을 더욱 심각하게 고민하게 되었다. 우리 뇌에는 뉴로셉션(neuroception)이라는 장치가 있는데, 위험을 감지하는 이 장치는 우리 몸에 신호를 보내 위험에 대처하도록 한다. 나와 정반대되는 의견을 가진 사람을 보면 자기도 모르게 팔짱을 끼고 그 사람을 삐딱한 시선으로 본다든지, 부부싸움을 하다 화가 나면 물건을 던지거나 "우리 이혼해!"라는 식으로 으름장을 놓도록 방아쇠를 당기는 것이 바로 이 뉴로셉션이다.

그런데 이 뉴로셉션이 결코 객관적이지 않다는 점이 문제다. 내가 옳다는 것을 증명하기 위해 '타인은 틀리다.'는 흑백논리를 작동하게 하거나, 내 감정에 맞게 주변 상황을 조작하는 감정적 합리화(emotional reasoning)의 작업을 거쳐, 타인이 나에게 조금만 불리한 행동을 해도 '저 사람은 원래 나쁜 사람이야.'라는 식으로 극단적인 판단을 하게 만든다. 감정조절이 가능한 상황에서는 '저 사람이 이러저러한 결점이 있지만, 그래도 전체적으로는 좋은 사람이야.'라고 판단할 수 있다. 하지만 감정조절이 안 될 때는 '저 사람은 나에게 해를 끼치니 보나 마나 나쁜 사람이야.'라는 식으로 극단적인 판단을 하게 되는 것이다.

노벨문학상 수상 작가인 하인리히 뵐(1917-1985)의 『카타리나 블룸의 명예』는 바로 이런 '감정조절의 실패'가 얼마나 무서운 결과를 초래하는지를 극적으로 보여 주는 작품이다. 1974년 2월 24일 일요일, 독일의 신문기자가 스물일곱 살의 여인 카타리나 블룸에게 살해당하는 충격적인 사건이 벌어진다. 그녀는 경찰에게 찾아가 자신이 그 기자를 총으로 쏘아 죽였다고 순순히 자백한다. 사람들은 그 태연함에 더 놀란다. 소설은 평범한 여성이 어떻게 그런 끔찍한 살인자가 되었는지를 추적한다. 무엇이 그녀의 감정조절을 불가능하게 만들었을까?

가정부이자 관리인으로 성실하게 일하던 카타리나는 주변의 평판도 좋았고, 누구에게나 친절했으며, 인생에서 한 번도 심각한 잘못을 저질러 본 적 없는 사람이었다. 소설은 경찰의 조서와 검사나 변호사로부터 들은 정보, 그리고 여러 참고인의 진술을 바탕으로 그녀가 살인을 저지르기까지 닷새간의 행적을 면밀히 파헤친다. 소설은 최대한 객관적인 시선으로 다양한 증거들을 수집하여 사실을 재구성하는데, 이 과정에서 흥미로운 사실들이 속속 밝혀진다.

카타리나는 살인사건이 일어나기 며칠 전 루트비히라는 남자를 만났고, 그의 매력에 이끌려 하룻밤을 보냈는데, 그가 공교롭게도 경찰에 쫓기고 있는 수배범이었다. 경찰은 루트비히를 체포하려는 과정에서 카타리나를 감시하게 되었고, 루트비히가 흔적도 없이 사라지자 카타리나가 그를 은닉해 주었다는 혐의를 뒤집어쓰게 된 것이다.

그런데 신문기자가 '사라진 수배범'의 기사를 쓰는 과정에서 카타리나를 마치 '살인자의 연인'처럼 악의적으로 묘사함으로써 그녀의 인생은 하루아침에 돌변해 버리고 만다. 사람들은 카타리나를 범죄자의 연인, 천하의 악녀, 헤픈 여자, 심지어 골수 공산주의자로 몰아가면서 단번에 그녀의 인생 전체를 앗아가 버린다. "이제 겨우 스물여섯 살인 가정부가 어림잡아도 11만 마르크나 나가는 아파트를 어떻게 소유하게 되었나? 그녀가 은행에서 강탈한 돈의 분배에 관여했나? 경찰은 계속 수사 중이다." 신문기자 하나가 그렇게 한 사람의 인생을 망쳐 버린다. 카타리나는 자신의 인생을 송두리째 빼앗아 간 기자에 대한 분노를 참지 못하고 자신을 향한 잔인한 인격 살인을 범한 그 기자를 살해한 것이다.

신문 기사보다 더 놀라운 것은, 그 단 한 번의 기사로 바뀌어 버린 주변 사람들의 냉정한 시선이다. 어떻게 하루아침에 그 선량했던 카타리나가 천하의 악녀로 돌변한 것일까? 알고 보면 카타리나가 변한 것이 아니라, 카타리나에 대한 주변 사람들의 생각이 변한 것이다. 평소라면 그저 무심히 지나쳤을 사소한 것들이 모두 '카타리나가 범죄자와 하룻밤을 보냈다.'는 단 하나의 위협적인 사실로 인해 완전히 재창조되고 재해석되었기 때문이다.

사실 카타리나는 루트비히라는 수배자를 그날 처음 댄스파티에서 우연히 만났다. 게다가 그를 일부러 숨겨 준 것이 아닌데도 '범죄자의 연인'이라는 색안경을 통해 바라본 그녀는 원래 지독한 위험인물이라는 식으로 해석되어 버린다. 카타리나는 자신을 향한 세상의 온갖 비난을 맨몸으로 견디면서, '그 기자만 아니었다면, 그 기사만 아니었다면 내 인생이 이렇게 하루아침에 와르르 무너지지는 않았을 텐데.'라는 걷잡을 수 없는 분노를 키워 갔을 것이다.

'분노조절장애'라는 증상이 때로는 어린아이들에게도 나타나는 요즘, 메말라 가는 현대인에게 '감정조절'은 어느 때보다 중요한 문제가 되었다. 어떤 사람이 내 부탁을 잘 들어줄 때는 그가 훌륭한 사람으로 보이고, 내 부탁을 거절할 때는 아주 나쁜 사람으로 보이는 것이 대표적인 '인식의 오작동'이다. 그 사람이 내 부탁은 들어주더라도 다른 곳에서는 악당처럼 행동할 수 있고, 내 부탁을 들어주지 않더라도 그건 부득이한 상황일 뿐 그 자체는 훌륭한 사람일 수 있다. 카타리나는 운이 나빴을 뿐이다. 그녀가 첫눈에 호감을 느낀 남자가 우연히, 정말 운 나쁘게도 경찰에 쫓기는 신세였을 뿐이다.

『감정조절』에서 저자는 이렇게 말한다. "감정조절은 부정적인 감정을 억제하는 것도, 느끼고 싶지 않은 감정을 마비시키는 것도 아니다. 모든 감정을 느끼되, 그것에 압도되거나 휩쓸리지 않는 것이다." 오늘은 또 어떤 분노의 해일이 당신에게 닥쳐올지 모른다. 하지만 그 감정의 격랑에 휩쓸리지 말자. 냉정하게 원인을 분석하고, 아주 천천히 대책을 세우자. 격한 감정이 우리를 제멋대로 휘두르게 내버려 두지 말자. 우리 자신은 우리가 느끼는 감정보다 더 강하다. 우리는 우리를 괴롭히는 분노의 원인보다 훨씬 복잡하고, 강인하며, 냉철한 존재다.

"나는 깜짝 놀랐어요. 그때 난 즉각 알아보았어요. 그자가 얼마나 추잡한 놈인지. 정말 추잡한 놈이라는 걸요. 게다가 귀여운 구석까지 있더군요. 사람들이 귀엽다고 할 만한 모습이요. 자, 당신도 사진을 본 적이 있지요. 그가 이렇게 말하더군요. '어이, 귀여운 블룸 양, 이제 우리 둘이 뭐 하지?'라고요. 난 한 마디도 하지 않고 거실로 물러나며 피했지요. 그는 나를 따라 들어와서는 말했어요. '왜 날 그렇게 넋 놓고 보는 거지? 나의 귀여운 블룸 양, 우리 일단 섹스나 한탕 하는 게 어떨까?' 그 사이에 내 손은 핸드백에 가 있었고 그는 내 옷에 스칠 정도로 다가왔어요. 그래서 난 생각했어요. '어디 한탕 해보시지, 이판사판이니까.'라고요. 그러고는 권총을 빼들고 그 자리에서 그를 향해 쏘았습니다."

—하인리히 뵐, 『카타리나 블룸의 명예』에서

명망 있는 시골 의사인 그녀의 예전 고용주의 부인은
이렇게 묘사한다. "그녀에게는 진짜 창녀 같은 기질이
있어요. 난 자라나는 내 아들들, 우리 환자들, 그리고
내 남편의 명망을 위해 그녀를 해고하지 않을 수가
없었답니다."

— 하인리히 뵐, 『카타리나 블룸의 명예』에서

격한 감정이 우리를 제멋대로 휘두르게
내버려 두지 말자. 우리 자신은 우리가
느끼는 감정보다 더 강하다

20

끝없이 소통하기를 멈추지 않는다면

집단무의식,
심리학의 최고 난제

한 사람의 이야기를 그린 것이지만, 그 세대 전체의 집단무
의식을 그린 이야기처럼 묵직한 무게감으로 다가오는 소설들
이 있다. 『책 읽어 주는 남자』가 바로 그런 경우다. 이 작품은
나치의 홀로코스트에 대해 그 누구도 자유로울 수 없는 독일
전체의 집단적 죄의식을 건드리고 있다. 자신이 한때 불꽃처럼
사랑했던 여인이 '나치의 일원'이라는 것을 알았을 때의 공포
감과 실망감. 그 여자의 모든 것을 남김없이 사랑한다고 믿었
는데, 뒤늦게 알게 된 그녀의 죄만은 끌어안을 수 없는 자신의

무력함을 깨달았을 때의 좌절감. 그것은 독일이라는 한 나라를 사랑했지만 나치의 홀로코스트만은 사랑할 수 없는 독일 국민의 마음을 닮았다.

나치에 대한 부정적인 인식 때문에 독일 자체에 거부감을 갖는 사람들도 많다. 내가 독일에 주목하는 이유는 '독일이 스스로 역사적 죄의식을 다루는 방식'에 관심이 있기 때문이다.

독일은 홀로코스트를 반성할 수 있는 일이라면 거의 무엇이든 다 했다. 베를린 한복판에 거대한 홀로코스트 위령비를 만들고, 거대한 유대인 박물관을 세워 그곳을 방문하는 전 세계인들에게 사죄의 마음을 표현한다. 위안부 문제에 사죄는커녕 죄의식 자체를 보여 주지 않는 일본이나, 나가사키와 히로시마 원폭 문제에 대해 결코 사죄하지 않는 미국과는 전혀 다른 모습이다. 독일은 자신들의 '집단적 죄의식'을 테마로 하는 수많은 기념물이나 예술 작품들을 끊임없이 만들어 낼 뿐 아니라, 무려 100여 년 전에 일어난 나미비아 집단학살에 대한 사과까지 결행했다.

앙겔라 메르켈 총리가 선거 일정으로 가장 바쁘던 시기에 다하우에서 홀로코스트를 사죄하는 모습을 보여 준 것에 나는 진심으로 경이로움을 느꼈다. 자신이 저지른 일이 아닌데도

'독일이라는 국가의 잘못'을 진심으로 뉘우치는 데 가장 중요한 시간을 할애하는 그녀의 모습이 아름답게 느껴졌다. 이런 사죄의 몸짓이 '결과'는 될 수 없지만 '시작'은 되어야 한다고 믿는다. 그 시작의 몸짓이 있어야 '집단적 죄책감'이라는 심리적인 문제를 제대로 풀어낼 수 있지 않을까. 심리학이라 할 때 흔히 '개인의 문제'를 먼저 떠올리지만, 바로 이런 집단적 죄의식이야말로 심리학이 풀어야 할 최고의 난제라 할 수 있다.

『책 읽어 주는 남자』의 주인공 미하엘은 구토와 발열로 길바닥에 쓰러질 뻔한 상황에서 자신을 구해 준 한나에게 운명적인 이끌림을 예감한다. 미하엘은 처음에 자신이 왜 그녀에게 끌렸는지 잘 설명할 수 없었다. 오랜 시간이 지나 중년의 나이가 되어서야 그 불가해한 끌림을 이해하게 된다. "나는 그녀의 모습에서 외부세계에는 아무런 관심이 없는 듯한 극도의 초연함을 보았다. 자신의 내면세계에 한번 빠져들면 이 세상 그 무엇에도 영향을 받지 않는 듯한 기이한 순수." 열여섯 살 소년 미하엘이 서른여섯 살 여인 한나에게 이끌려 키스를 하려 들자, 그녀는 몸을 빼면서 이렇게 말한다. "그전에 먼저 내게 책을 읽어 줘야 해."

한나는 샤워를 하고 침대로 들어가기 전에 항상 '책'을 읽어 달라고 요구했고, 소년은 책을 읽는 동안에는 등장인물의 감정에 흠뻑 빠져 잠시 자신의 격정을 잊었다. "샤워를 하는 가운데 욕망은 다시 살아났다. 책 읽어 주기, 샤워, 사랑 행위, 그러고 나서 잠시 같이 누워 있기. 이것은 우리 만남의 의식이 되었다." 그들은 '책 읽어 주기-사랑 나누기'의 비밀스러운 제의 속에서 오직 이 세상에 자신들만 숨어 있는 듯한 은밀한 해방감을 느낀다.

하지만 이 달콤한 행복도 잠시, 한나는 멀리 전근을 떠나면서 자신의 행방을 알리지 않았고, 미하엘은 어른이 되어서도 그녀를 잊지 못한 채 누구와도 행복한 관계를 맺지 못한다. 세월이 흘러 법대생이 된 미하엘은 나치 전범들의 재판을 참관하는 과정에서 피고석에 앉아 있는 한나의 모습을 발견하고 충격에 휩싸인다. 미하엘은 '한나가 전범'이라는 사실만큼이나, 자신이 그녀를 잊지 못하고 있었다는 사실에 충격을 받는다.

한나는 수많은 유대인들이 불에 타 죽는 학살의 현장에서 그들을 구해 주지 않았으며, 자신의 행동에 대해 반성하기보다 '그때 자신이 맡은 일'이었음을 강조하는 모습을 보여 청중을 아연실색하게 만든다. 한나는 그 사건의 총책임자가 아니었고 자신이 '문맹'이었다는 것만 증명하면 중벌을 면할 수 있었다. 하지만 문맹을 고백하는 것이 너무도 수치스러웠기에 차라리 무기징역을 택한다. 미하엘이 그녀가 문맹이라는 것을 증언만 해 주었어도 형량을 줄일 수 있었지만, 그는 한나가 최악의 판결을 받는 동안 마치 자신을 버리고 떠난 여인을 징벌하듯 '침묵'을 택하고 만다. 침묵은 이중의 단죄였다. 자신에게 작별인사조차 하지 않고 떠나 버린 옛사랑에 대한 단죄, 그녀가 도저히 씻을 수 없는 역사적 과오를 뉘우치지 않은 죄.

그 이후 미하엘의 마음속에는 진짜 지옥이 찾아온다. 이제는 자신이 그녀를 버렸다는 것을 깨달았기 때문이다. 가족도 친구도 없는 한나가 무기징역을 선고받고 홀로 외로움에 떨 때, 그는 무엇을 했는가? 미하엘은 비로소 그녀에게 선물할 수 있는 아주 작은 위로의 시간을 준비한다. 녹음테이프에 자신이 직접 명작 소설들을 소리 내어 낭독해 줌으로써 그녀가 혼자가 아님을 일깨워 준 것이다. 미하엘은 마치 연극배우라도 된 듯 호메로스, 셰익스피어, 안톤 체호프의 주인공들의 영혼에 빙의되어, 무한한 열정으로 '이 세상에서 오직 단 한 사람을 위한 이야기 테이프'를 만들어 보낸다. 미하엘의 녹음테이프에 감명받은 한나는 평생 처음으로 글을 배우기 시작한다. 그 옛날 '꼬마야.'라고 불렀던 무려 스무 살 연하의 옛 연인에게 고맙다는 마음을 표현하고 싶었던 것이다.

하지만 '사랑'에서 '우정'으로 바뀐 그들의 관계는 거기까지였다. 미하엘은 한나의 '전부'를 끌어안을 수 없었다. 미하엘은 한나의 석방 이후 그녀를 진심으로 보살펴 줄 자신이 없었고, 오랜 수감생활로 사회에서 완전히 고립되어 버린 그녀는 스스로 죽음을 택하고 만다.

우리가 만약 한나처럼 생계를 위해 나치의 일원이 되어야 했다면, 그런 상황에 처했을 때 완전히 주체적인 결정을 할 수 있었을까? 소설 속에서 한나는 나치의 모든 잘못을 뒤집어쓰는 '희생양'으로 그려진다. 한나의 동료들은 모두의 죄를 한나 한 사람에게 뒤집어씌웠고, 재판에 모인 청중은 '그녀는 유죄이고, 나는 아니다.'라는 표정으로 앉아 있었다. 하지만 과연 그들은 무죄일까? 이 작품은 모든 집단적 죄책감을 한 사람에게 대속하여 그를 희생양으로 삼은 채 '나는 괜찮다. 나는 무죄다.'라며 모든 책임에서 해방되려는 독일인들의 집단무의식을 뼈아프게 풍자하고 있다.

사람들은 누군가에게 친일파라는 둥 매국노라는 둥 쉽게 비난을 퍼붓지만, 과연 우리 중 몇 사람이 윤동주나 이육사처럼 *끝까지* 자신의 신념을 목숨 걸고 지킬 수 있었을까? 그런

물음에 다다르니 이 소설이 단지 머나먼 독일 이야기가 아니라, 역사의 아픔을 대충 얼버무리며 살아가는 지구상 모든 나라들의 뿌리 깊은 집단적 죄책감과 맞닿아 있는 것 같다.

나는 이 소설의 아름다운 구원의 열쇠가 세 가지라고 생각한다. 첫째, 미하엘이 그토록 한나를 원망했음에도 불구하고 그녀에게 계속 '책 읽어 주는 남자'로 남고 싶어 했다는 것이다. 미하엘은 그녀와 끝까지 소통하려 애썼다. 아무리 죄가 깊어도 그 죄와 소통하려는 노력만 있다면 희망은 끝나지 않는다.

둘째, 한나가 평생의 콤플렉스였던 문맹에서 벗어나려 했다는 것이다. 단지 남들에게 부끄럽기 때문이 아니라 미하엘에게 고마운 마음을 전하기 위해서였다.

셋째, 그녀가 세상에 대해 '제대로 알려고 하는 노력'을 멈추지 않았다는 것. 한나가 생이 끝나는 순간까지 세상에 대해, 인간에 대해, 사랑과 구원에 대해 알려고 하는 노력을 멈추지 않았다는 것이야말로 가장 아름다운 구원의 열쇠가 아닐까. 우리가 아무리 서로를 미워하더라도 소통하기를 멈추지 않는다면, 과거에 대해서든 미래에 대해서든 서로 '연결'되기를 멈추지 않는다면 희망은 끝까지 살아남을 것이다.

그러나 나는 그녀를 위해 카세트테이프에다 낭독을 하는 나의 모습도, 그녀를 만나 책을 읽어 주는 나의 모습도 떠올릴 수가 없었다. "당신이 글 읽는 법을 배운 것을 알고서 너무 기뻤고 또 감탄했어요. 그리고 당신이 내게 보낸 편지도 정말 멋졌어요!" 그것은 사실이었다. 실제로 나는 그녀가 글 읽는 법을 배워 내게 편지까지 썼을 때 정말로 감탄했고 또 기뻐했다. 그러나 나의 감탄과 기쁨은 한나가 글을 읽고 쓰기 위해 바쳐야 했던 그 엄청난 희생에 비해 얼마나 보잘것없었던가. 그녀가 글을 읽고 쓰게 된 것을 알고도 그녀에게 답장을 쓰거나 그녀를 찾아가 이야기를 나눌 생각조차 하지 않은 걸로 보아 나의 감탄과 기쁨이 얼마나 궁색했던가 하는 사실을 나는 느꼈다. 나는 한나에게, 내가 생각하기에 소중했던 벽감 하나를, 내게 무언가를 주었으며 나 또한 그것을 위해 무언가를 행한 조그만 벽감 하나를 내주었을 뿐 나의 인생의 어떤 자리도 내주지 않았던 것이다.

　　　　　　　　—베른하르트 슐링크, 『책 읽어 주는 남자』에서

나의 주변 사람들이 저질렀고 또 그로 인해 비난을
받은 행동들은 한나가 저지른 행동에 비하면 훨씬
덜 나쁜 것이었다. 그러므로 나는 사실 한나에게
손가락질을 해야 했다. 그러나 한나에게 한
손가락질은 다시 내게로 돌아왔다. 나는 그녀를
사랑했던 것이다.

— 베른하르트 슐링크,『책 읽어 주는 남자』에서

21

무의식의 메시지에 귀 기울여라

'모른 척'하고 싶어 하는
방어기제

내 영혼이 생각보다 훨씬 크고 깊구나! 이런 싱그러운 깨달음을 전하는 작품들이 있다. 김승옥의 『무진기행』, 이상의 『날개』, 강신재의 『젊은 느티나무』가 그랬다. 전에는 전혀 고민해 본 적 없는 문제들을 세상에서 가장 절실한 문제로 그려 냈고, 읽는 동안 마치 주인공의 상황이 지금 내게 닥친 문제인 것처럼 절박하게 빠져드는 소설들이었다. 사춘기 시절 읽은 명작 소설들은 나도 모르게 내 마음의 넓이와 깊이를 확장해 주는 영혼의 촉매였다. 그들의 고민이 마치 내 문제인 듯 끙끙

앓을 때, 내 영혼은 한 뼘 더 성장할 수 있었다.

특히 이상(1910-1937)의 『날개』를 읽을 때 내 마음에 새로운 고민의 다락방이 생겼다. "내가 이렇게 살고 있는 지구가 질풍신뢰의 속력으로 광대무변의 공간을 달리고 있다는 것을 생각했을 때 참 허망하였다. 나는 이렇게 부지런한 지구 위에서는 현기증도 날 것 같고 해서 한시바삐 내려 버리고 싶었다." 이 대목을 읽는 순간, 이상을 사랑하게 되었다. 내가 도저히 따라갈 수 없는 속도로 매 순간 끊임없이 움직이는 이 지구라는 초대형 열기구 위에서 나는 그 순간 현기증을 느꼈다. 그전에는 한 번도 느껴 본 적 없는 참신한 어지럼증이었다. 내가 무의식으로만 느낄 수 있었던 지구의 속도를 그 순간 의식할 수 있었다.

하지만 우리 모두는 이 지구라는 폭주기관차 위에서 생명이 다하는 그 순간까지 마음대로 하차할 수 없다. 『날개』의 주인공은 이 문장을 통해 1초에 30킬로미터의 속력으로 질주하는 지구처럼 도저히 따라갈 수 없는 이 세상에 대한 도피심리를 고백한 셈이다. 『날개』는 주인공을 통해 우리가 '마음 깊은 곳에서는 희미하게 인식하면서도, 궁극적으로는 알기 싫어 하는 마음의 정체'를 파고든다.

'나'는 곳곳에서 자신의 문제를 고백한다. 자신은 말하자면 일종의 정신분열자로서, 아내와 삶을 완전히 공유하는 것이 아니라 절반만 공유하는 사람이라 털어놓는다. "생활 속에 한 발만 들여놓고 흡사 두 개의 태양처럼 마주 쳐다보면서 낄낄거리는" 그의 모습은 평범한 일상으로부터 자신을 멀리 떨어뜨려 놓은 은둔형 외톨이에 다름 아니다. 아내는 밤마다 남편이 아닌 다른 남자들을 손님으로 받고, 그 시간 동안 '나'는 절대 그 방에 들어가선 안 된다. 아내는 마치 비밀의 대가를 치르듯 '나'에게 화폐를 전해 주며, 밥도 차려 주고 다정한 말도 속삭인다. 하지만 '나'는 뭔가 이상한 기운을 느낀다. 보통 사람이라면 금세 눈치채고도 남을 이 비참한 상황을 그는 진심으로 모르는 척한다. 의식은 아내의 비밀을 눈치채는 것을 거부하고, 무의식은 아내의 비밀을 향한 멈출 수 없는 탐구욕을 느낀다. 비틀거리는 결혼생활을 어떻게든 지키기 위해 '아내의 비밀을 몰라야 한다.'는 위태로운 방어기제를 작동시키는 셈이다.

그는 어떤 경제 활동도 하지 않는다. 아내는 얇은 장지문 하나를 사이에 두고 밤마다 '남자 손님'을 들이고, '나'는 아내가 없을 때만 아내의 방에 들어갈 수 있다. 아내는 정기적으로 남편에게 화폐를 쥐어 주는데, 마치 '나의 비밀을 눈감아 주는 대신 당신에게 이 돈을 지불할게요.'라는 무언의 명령어를 담고 있는 듯하다.

밤마다 남자 손님들을 받는 아내가 바로 옆방에 있는데 '아내가 무엇을 하는지 모르겠다.'고 생각하는 남편의 속마음은 무엇일까? 그가 '약간 모자라 보이는 듯한 제스처'를 취하고 있는 것은 일종의 방어기제다. 아내를 의심하지만 아내를 적극적으로 다그칠 수 없는 심리 저변에는 '아내를 부양하지 못하고, 아내를 생존의 전선으로 내몰아 버린 자신'에 대한 죄책감이 숨어 있다. 어쩌면 '아내에겐 차마 털어놓을 수 없는 비밀이 있다.'는 사실을 아는 것보다 더 무서운 것은, 그 사실을 알게 됨으로써 더 이상 아내와 함께 살 수 없는 끔찍한 파국의 시간이 아닐까? 그는 그 두려움을 알면서도 모른 척하고 싶었던 것 같다. 아내의 비밀을 알고 난 후 과연 어떤 행동을 취해야 할지 알 수 없기에, 그 고민의 시간을 끝없이 유예하고 싶었을지 모른다.

하지만 결국 비밀을 알고 싶은 마음이 승리한다. 그는 아내가 정기적으로 그에게 쥐어 주는 화폐의 의미를 알고 싶었다. 그래서 아내가 준 화폐를 차마 바깥에서 쓰지 못하고 아내에게 도로 쥐어 주면서, '그날만은 아내 곁에서 잠이 드는 것'에 성공한다. 그는 처음으로 '아내의 거래'에 수동적으로 대응하는 존재가 아니라, 게임의 규칙을 새롭게 바꾸어 '자신의 거래'를 성사시키는 주체가 된다. 하지만 은밀한 기쁨은 잠시, 어느 날 자신이 약속 시간보다 조금 일찍 집에 돌아온 순간, 그가 본다면 "아내가 덜 좋아할 것"을 목격하고 말았다. 그는 고열에 시달리며 의식을 잃고 만다. 아내의 진실을 감당할 준비가 되어 있지 않았던 것이다.

그는 꿈과 현실을 구분할 수 없을 정도로 기나긴 수면에 빠지고, 그가 몇 주 동안 시체처럼 잠만 자야 했던 이유는 바로 아내가 자신에게 '아스피린'이라 속이고 먹였던 수면제 '아달린' 때문이었음을 알게 된다. 아내는 아달린으로 남편의 의식을 마비시킴으로써 그가 살아 있는 주체가 되어 자신을 괴롭히지 못하도록 만든 것이다. 아달린은 그가 '온전한 나'일 수 있는 기회를 빼앗았다. 더 이상 참을 수 없는 그는 드디어 아내의 집을 뛰쳐나온다.

두 사람의 집은 '나'를 '진정한 나'로부터 끊임없이 멀어지게 하는 폭력의 공간이었던 것이다. "나는 불현듯 겨드랑이가 가렵다. 아하, 그것은 내 인공의 날개가 돋았던 자국이다." "날개야 다시 돌아라. 날자. 날자. 한 번만 더 날자꾸나. 한 번만 더 날아 보자꾸나." 이 대목은 그가 아내가 통제하는 세계를 벗어나 드디어 비틀거리는 걸음으로 '자신의 발자국'을 내딛기 시작했음을 증언한다.

마지막 장면은 "흡사 유곽 같은 느낌이 없지 않은, 33번지"의 은둔으로부터 상처로 가득한 진짜 세상으로 눈부시게 도약하는 순간을 내포하고 있다. 『날개』는 매우 특별한 상황에 처한 주인공을 내세워 우리 모두에게 일어날 수 있는 영혼의 성장통을 이야기하고 있다. 지금 당신을 보호하고 있는 그 무엇이 있는가? 가족의 보호, 직장의 보호, 조직의 보호, 그리고 당신의 명함이 주고 있는 보호막. 그 보호막이 우리를 살아남게 하지만, 때로는 그 보호막이 마음의 눈을 가려 진정한 세상의 실체를 보지 못하게 한다. 내가 너무도 아끼고 사랑하는 사람의 치부는 차라리 못 본 척하고 싶듯이, 우리가 저 찬란한 실재를 보지 못하도록 가로막는 그 무엇이 있다. 그것이 바로 자기검열이며 방어기제, 그리고 나를 보호하는 사람들이다.

나를 둘러싼 세상이 돌아가도록 만드는 그 부끄러운 비밀들의 실체를 우리는 끝내 알아내야 한다. 아무리 고통스러울지라도, 언젠간 후회할지라도. 그 실재계의 비밀에 눈을 감는다면 우리는 아달린을 아스피린으로 착각하고 매일 복용한 『날개』의 주인공처럼 '마비된 의식' 속에 우리 자신을 가두게 된다. 나에게 『날개』는 '의식을 향한 무의식의 극적인 승리'를 그려 낸 드라마로 다가온다. 의식은 끊임없이 아내의 비밀을 모른 척하고 싶었지만 마음 깊은 곳, 즉 무의식에서는 모든 것을 알고 있고, 알고 싶었고, 이 상황을 인식할 수 있는 주체로 거듭나고 싶은 욕망이 숨어 있었다.

'모른 척'하고 싶은 방어기제가 의식의 핸들이라면, '언젠가는 진실이 드러날 것이고 그 진실 앞에서는 세상 누구도 아닌 바로 나 자신이 주인공이 되어 문제를 해결해야 한다.'는 깨달음이 무의식의 간절한 메시지가 아니었을까. 나는 『날개』의 주인공이 결국 승리했다고 본다. 그는 이제 더 이상 신경안정제에 취한 은둔자가 아니다. 그는 진짜 세상에 한 걸음 내디딤으로써 진정 '자기 자신에게 이르는 길'의 첫걸음을 시작했다. 이제 그는 날아오를 것이다. 상처를 딛고 아픔을 딛고 절망을 딛고. 그는 이제 트라우마의 정체를 알기 시작했으므로. 상처의 풍경을 용감하게 대면하기 시작했으므로.

나는 어디까지든지 내 방이 ── 집이 아니다. 집은 없다. ── 마음에 들었다. 방 안의 기온은 내 체온을 위하여 쾌적하였고, 방 안의 침침한 정도가 또한 내 안력을 위하여 쾌적하였다. 나는 내 방 이상의 서늘한 방도, 또 따뜻한 방도 희망하지 않았다. 이 이상으로 밝거나 이 이상으로 아늑한 방을 원하지 않았다. 내 방은 나 하나를 위하여 요만한 정도를 꾸준히 지키는 것 같아 늘 내 방에 감사하였고 나는 또 이런 방을 위하여 이 세상에 태어난 것만 같아서 즐거웠다.

──이상, 『날개』에서

아무런 기대 없는 조용한 기다림

자연스러운 '패싱케어'의
기술

고령화가 급격히 진행되면서 알츠하이머는 더 이상 극소수 사람들이 겪는 예외적 질환이 아니라, 모두가 경계해야 하는 무서운 질병으로 인식되고 있다. 우리 정신에 닥칠 수 있는 가장 무서운 재앙 알츠하이머는 21세기 의학의 화두이자 심리학의 화두이기도 하다. 기억을 잃고, 정체성을 잃고, 마침내 스스로 생각하는 능력을 잃게 되는, 치료도 수술도 불가능한 이 참혹한 마음의 재앙을 누구나 공감할 수 있는 언어로 그려 낸다는 것은 쉬운 일이 아니다. 『스틸 앨리스』는 알츠하이머에 대해 우리가 알아야 할 모든 것들을 쉽고 친밀한 언어로 이야기해 준다. 이 소설에서 알츠하이머는 영화에서나 볼 수 있는 희귀한 재앙이 아니라, '누구에게나 일어날 수 있는, 어쩔 수 없는 불운'으로 그려진다.

앨리스는 치매라는 불운에 굴복하지 않는다. 하버드대 심리학과 교수이자 사랑스러운 세 자녀의 어머니인 그녀는 자신이 이루어 낸 모든 것들이 알츠하이머라는 재앙에 불타 버리기를 원치 않는다. 최고의 학자이자 훌륭한 교육자이기도 했던 앨리스는 수많은 청중 앞에서 강연할 때도 전혀 긴장하지 않으며, 주목받을수록 오히려 성취감을 느끼는 성격이었다. 하지만 알츠하이머는 그녀의 가장 큰 자부심인 지성부터 갉아먹기 시작한다.

강연 도중 중요한 단어를 잊어버린 앨리스는 처음으로 청중 앞에서 실수를 저지르고 만다. 급기야 매일 다니던 산책로에서 집으로 돌아가는 길을 잊은 채 공황 상태에 빠지자, 앨리스는 병원을 찾는다. 병원에서 조발성치매 진단을 받은 후 앨리스가 가장 먼저 떠올린 것은 남편의 사랑이다. "존은 나의 정신을 사랑한다. 그가 알츠하이머에 걸린 나를 어떻게 사랑할 수 있을까?"

앨리스는 젊은 나이에 치매에 걸린 자신을 누구도 예전처럼 사랑해 주지 않을까 봐 깊은 절망에 빠진다. 자신이 목숨처럼 소중히 여기던 일을 포기해야 한다는 것이 너무도 괴롭다. 앨리스는 교수가 아닌 자신, 학자가 아닌 자신을 한 번도 상상해 본 적이 없기에. 수업 내용을 몽땅 잊어버리고 자신도 모르게 지난 시간과 똑같은 강의를 하거나, 수업 시간에 멍하니 강의실에 앉아 있다가 나가는 일까지 벌어지자 학생들은 강의평가를 통해 앨리스를 강도 높게 비난한다. 항상 최고의 평가를 받던 앨리스는 스스로 학교를 그만둔다. 논쟁이 치열할수록, 공부가 어려울수록 더욱 투지를 불태웠던 그녀. 진정한 지성의 검투사였던 앨리스는 그렇게 '학자'라는 자신의 소중한 정체성을 무참히 빼앗기고 만다.

평생에 걸쳐 이룩한 연구 업적은 물론 학자로서의 명성까지 잃자 앨리스는 하루하루 무너져 간다. 그러나 그녀가 무언가를 잃기만 하는 것은 아니다. 병에 걸리기 전 앨리스는 막내딸 리디아와 자주 다투곤 했다. 의사가 된 오빠 톰이나 변호사가 된 언니 안나보다 훨씬 공부를 잘했던 리디아가 갑자기 배우가 되겠다며 대학을 포기했기 때문이다. 누가 뭐래도 배우의 길을 가겠다는 딸과 인생이 어찌 될지 모르니 대학은 꼭 가야 한다고 주장하는 엄마 사이에는 늘 미묘한 갈등의 기류가 흘렀다.

그러나 정작 앨리스가 알츠하이머에 걸리자 그녀를 가장 따스하게 감싸 주는 사람은 바로 이 말썽쟁이 막내딸이다. 앨리스가 리디아의 연극 공연을 보고 나서 자신의 딸임을 잊은 채 마치 처음 보는 배우처럼 그녀의 연기를 '객관적으로' 칭찬하자, 큰딸 안나는 면박을 준다. "엄마 딸 리디아잖아요!" 하지만 리디아는 엄마가 자신의 연기를 칭찬해 주는 것만으로도 행복해한다. 리디아의 모든 사소한 몸짓들은 알츠하이머에 걸린 엄마에게 마치 이렇게 속삭이는 것 같다. '엄마가 나를 잊어도 제가 엄마를 잊지 않을게요. 엄마가 제 얼굴마저 잊어 저를 더 이상 사랑하지 않아도 제가 먼저 엄마를 사랑할게요.'

'당신은 치매 환자'라는 것을 굳이 상기시킨다든지, '당신이 무엇을 잘못했다.'는 식으로 지나치게 분명한 지적을 하는 것은 바람직한 보살핌 방식이 아니다. 아무런 기대 없는 조용한 기다림이야말로 환자를 편안하게 해 주는 보살핌 방식이다. 와시다 기요카즈(1949~)는 『기다린다는 것』에서 이런 보살핌의 방식을 '패싱케어(passing care)'라고 설명한다. 굳이 문제의 본질을 붙잡으려 하지 않고, 마치 아무렇지 않게 지나가듯이 자연스럽게 처리하는 것. "아무렇지도 않은 듯 피하기, 알아채지 못하게 놓치기, 상처받지 않도록 말 돌리기, 그냥 받아넘기기와 같은 형식으로 삐걱거리는 순환을 빠져나가는 방편", 이것이 바로 패싱케어다.

막내딸 리디아는 본능적으로 이런 패싱케어의 의미를 알고 있다. 리디아는 목적 없는 기다림, 기대 없는 기다림의 의미를 본능적으로 실천한다. 때로는 엄마가 자신을 전혀 알아보지 못하더라도, 굳이 엄마의 오류를 수정하지 않고 마치 전혀 모르는 사람처럼 자연스럽게 대화를 이끌어 간다.

남편 존은 중요한 연구 프로젝트가 생겼다며 뉴욕으로 떠나려 하지만, 앨리스는 자신의 모든 추억이 스며든 이 집을 떠나고 싶지 않다. 막내딸이 그저 조용히 기다리고 지나치고 놓아주고 모른 척함으로써 엄마를 보살피는 동안, 아빠는 어떻게든 자신의 삶을 '정상화'하려고만 한다. 남편이 아픈 자신과 함께 있는 것보다 자신의 직업적 성취를 더 중시하는 모습을 보자 앨리스는 절망한다. 그리고 지금까지 서로를 믿고 살아왔던 그들의 결혼생활 전체에 위기를 느낀다. 질병만큼이나 무서운 것은 바로 이런 관계에서 느끼는 절망이다.

앨리스의 남편은 기다림 없는 기다림 상태를 견디지 못한다. 그런데 어떤 치료제나 수술도 불가능한 시간에는 '기다림' 이야말로 뜻밖의 치유를 가져올 수 있다. 알츠하이머라는 병 자체를 치유하지는 못하지만 엄마와 딸의 틀어진 관계를 개 선할 수 있었다. 또한 워킹맘으로 살아가느라 인생에서 한 번 도 제대로 된 휴식을 취하지 못한 엄마에게 멋진 휴가를 선물 할 수도 있지 않은가? 리디아의 기다림은 '질병의 개선'이 아 니라 '엄마와 조금이라도 더 행복한 시간을 보내는 것'에 있기 에, 그녀의 기다림은 결코 수동적인 것이 아니다. 리디아는 엄 마에게 끊임없이 말을 걸고, 엄마와 그저 함께 있음으로써 이 고통스러운 기다림의 시간을 '지금까지 한 번도 겪어 본 적 없 는 행복의 시간'으로 재창조해 낸다. 앨리스는 딸의 얼굴을 전 혀 알아볼 수 없는 순간에도, '저 아름다운 여인'이 자신에게 너무도 친절하고 따뜻하다는 것을 느끼고 감동한다. 리디아는 자신을 알아보지 못하는 엄마에게 이렇게 말하며 눈물짓는다. "엄마, 우리가 예전보다 더 가까워진 것 같아요."

원작을 각색하여 영화로 만든 「스틸 앨리스」에서 잊을 수 없는 대사가 있다. 앨리스(줄리앤 무어)는 알츠하이머 환자들을 대표하여 맡은 연설에서 이렇게 고백한다. "저는 고통받고 있 는 것이 아닙니다. 저는 투쟁하고 있습니다.(I'm not suffering, but I am struggling.)" 그녀는 수동적으로 고통을 감내하고 있는 것이 아니라, 매 순간 자존감을 잃지 않기 위해, '내가 여전히 나임을' 증명하기 위해 인생을 걸고 묵묵히 싸우고 있었다. 알츠하이머는 물론 모든 마음의 질병으로 고통받고 있는 사람들에게 이 고백은 힘이 되어 줄 것 같다. 저는 고통받고 있는 것이 아닙니다. 저는 투쟁하고 있습니다.

그래서 '아직은 앨리스(Still Alice)'라는 소설의 제목이 내게는 '강철 같은 앨리스(Steel Alice)'처럼 다가온다. 앨리스의 두뇌를 알츠하이머가 모조리 잠식한다 하더라도, 강철 같은 앨리스의 투쟁, 그리고 '여전히 앨리스'인 엄마를 사랑하는 딸의 기다림은 영원히 사라지지 않을 것이다.

시험관 아기 시술이 성공한다면 안나의 아기를 안아 보고 싶었다. 그리고 리디아가 자랑스러워하는 연극 무대에 선 모습도 보고 싶었다. 톰이 사랑에 빠진 모습도 보고 싶었다. 존과 안식년을 한 번 더 보내고 싶었다. 읽는 능력을 잃기 전에 원 없이 책을 읽고 싶었다. 앨리스는 방금 든 생각들에 놀라며 실소했다. 하고 싶은 일들의 목록에 언어학이나 강의, 하버드와 관련된 건 하나도 없었다. 앨리스는 마지막 한 입 남은 아이스크림콘을 입에 넣었다. 그녀는 앞으로도 이런 따스하고 화창한 봄날과 아이스크림을 더 즐기고 싶었다.

—리사 제노바, 『스틸 앨리스』에서

막내 딸 리디아는 본능적으로 이런 '패싱케어'의
의미를 알고 있다. 리디아는 목적 없는 기다림, 기대
없는 기다림의 의미를 본능적으로 실천한다. 때로는
엄마가 자신을 전혀 알아보지 못하더라도, 굳이
엄마의 오류를 수정하지 않고 마치 전혀 모르는
사람처럼 자연스럽게 대화를 이끌어 간다

4부

마음놓침을 넘어 마음챙김으로

나는 단 한 번이라도 내 삶의 진정한 선택권을 행사한
적이 있는가. 심리학을 공부하면서 내가 스스로에게
가장 아프게 던진 질문은 바로 이것이었다. 내가
한때 스스로의 주체적 선택이라 믿었던 모든 것들은
사실 지극히 비좁고 제한적인 주변 환경에 대한
나의 수동적인 반응이 아니었을까. 리액션과 액션은
분명 다르다. 리액션은 자극이 있어야만 반응하는
것이지만, 액션은 아무도 나를 바라보거나 공격하지
않을 때조차 스스로 일어나 무언가를 실천하는
것이다. 나는 한 번이라도 리액션이 아닌 액션의
주인공이 된 적 있는가?

주변의 자극을 향해 리액션만 하기 바쁜 것이
'마음놓침'의 상태라면, '자아'라는 연기자의

페르소나를 뚫고 '자기'라는 존재의 핵심을 향해
나아가는 또 하나의 나는 '마음챙김'의 주체다. 또한
내 안의 모든 트라우마와 언제든 맞서 싸울 준비가
되어 있는 내면의 검투사다. 나는 나를 향해 쏟아지는
그 수많은 시선의 화살을 뚫고, 내가 나를 징벌하는
자기검열의 칼날을 피해 마침내 '진정한 자기'를
향해 도달하는 길을 찾고 있다. 나는 이제 안다.
내가 처음부터 이 세상 무엇도 두렵지 않은 용감한
전사였다는 것을

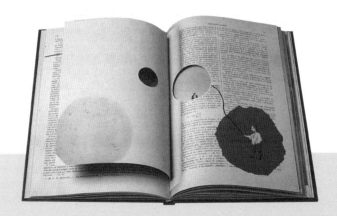

23

내 안의 '황금바람'을 누리자

깨달음은 모든 것을
놓아 버릴 때 찾아온다

이 싯다르타는 고타마 싯다르타, 즉 부처가 아니다. 헤르만 헤세의 싯다르타는 다만 부처님과 이름만 같은 사람이다. 언뜻 보기에는 부족한 것이 전혀 없어 보이지만, 깨달음의 눈부신 기회들을 자꾸만 놓친다. 그는 워낙 독립심이 강해 그 누구에게도 도움을 받으려 하지 않는다. 누구에게도 조언이나 가르침을 구하려 들지도 않는다. 부처님과 만나 가르침을 얻을 기회가 있었는데도 그는 부처의 제자가 되기를 거부한다. 그는 자신의 진짜 문제가 무엇인지를 깨닫지 못한다. 도움을 얻지 못하는 것, 타인에게서 배우려 하지 않는 것, 궁극적으로 자기 자신보다 더 나은 사람은 없을 거라 믿는 것이 바로 자기 에고의 한계임을 깨닫지 못한다. 그의 주변에는 자신보다 현명하거나 지혜로운 사람이 전혀 없어 보이기 때문이다.

게다가 그는 자신이 누군가를 아프게 할 수 있다는 사실을 깨닫지 못한다. 부모님을 떠나 수행자의 길을 가려 할 때도, 눈에 넣어도 아프지 않은 자식을 다시는 볼 수 없다는 생각에 고통스러워했을 부모님에게 미안함이나 연민을 느끼지 못한다. 그는 특별히 거만한 태도를 보이지는 않지만 마음 깊은 곳에 '내 문제는 오직 나만이 해결할 수 있다.'는 강력한 에고의 선입견을 버리지 않는다. 그런 그가 처음으로 아픔을 느낄 때는, 바로 자신을 그림자처럼 따라다니던 도반 고빈다가 부처의 제자가 되겠다며 떠날 때였다. 어릴 때부터 항상 곁을 지켜 주었던 고빈다가 당연히 앞으로도 평생 함께할 거라는 믿음, 자신조차 깨닫지 못했던 너무 자연스러운 믿음이 한순간에 깨져 버린 것이다.

그는 수행자들의 공동체 속에서도 단연 두각을 나타낸다. 남들은 며칠도 힘들어하는 단식을 무려 28일이나 식은 죽 먹듯 쉽게 해내고, 온갖 수행자들의 신비 체험을 아무렇지도 않게 해치워 스승을 무색케 하기도 한다. 더 이상 수행자들의 공동체에서 배울 게 없다고 생각한 그는 마침내 환속하여 '세속의 세상에서 무언가를 배워야겠다.'는 큰 결심을 한다. 수행자들의 공동체에서도 뭔가 배울 것이 없다면, 보통 사람들의 세계에서 궁극의 진리를 배워야겠다고 판단한 것이다. 그때 만난 사람이 장안의 가장 아름다운 기생 카밀라였다. 싯다르타는 거지꼴을 하고 나타나 카밀라에게 '사랑의 기술'을 가르쳐 달라고 떳떳하게 요구하고, 카밀라는 싯다르타의 그 당당함과 순수함에 이끌려 그를 진심으로 사랑하게 된다.

카밀라는 싯다르타를 소유하려 하지 않는다. 그가 장사의 기술, 사랑의 기술, 도박의 기술까지 모두 마스터한 뒤, 자신이 원래 지니고 있었던 고결함과 총명함까지 모두 잃어 타락했을 때조차도 카밀라는 싯다르타를 진정으로 사랑한다. 그의 아이를 가졌을 때조차 그에게 말하지 않는다. 그가 깨달음의 길을 걷기 위해 또다시 떠날 것임을 본능적으로 알았기 때문이다.

싯다르타는 나이 마흔이 넘도록 그 누구도 진정으로 사랑해 본 적이 없었다. 모든 것을 다 알지만 사랑만은 모르는 사람, 싯다르타는 바로 그 치명적인 허점이 자신의 발목을 잡고 있다는 걸 알지 못했다. 싯다르타는 자신에게로 쏟아지는 그

커다란 사랑의 미소들을 감지하지 못했다. 부모의 사랑도, 친구 고빈다의 사랑도, 연인 카밀라의 사랑도 그에게는 삶의 진정한 변수가 되지 못했다. 그러던 그를 처음으로 무너뜨린 것은 바로 '아들에 대한 사랑'이었다. 자신도 모르는 사이에 태어나 오직 엄마의 사랑만을 듬뿍 받으며 아무 거리낌 없이 자란 아들은 가난한 뱃사공이 되어 수도승처럼 살아가는 싯다르타를 전혀 이해하지 못한다. 마침내 싯다르타의 자존감을 무너뜨리는 최고의 적수가 나타난 것이다.

그는 '완전한 자아'에 도달할 수 있다는 믿음에 이끌려 '자기를 완성해 가는 과정' 속에 인생을 던졌지만, 뜻하지 않은 암초에 걸리고 만다. 그것은 자식에 대한 피할 수 없는 사랑이었다. 싯다르타의 아들은 싯다르타를 전혀 사랑하지 않았다. 심지어 아버지의 초라하고 빈궁한 모습이 싫다며 아버지를 내팽개치고 떠나 버린다. 싯다르타는 그런 냉정한 아들을 먼발치에서나마 한 번이라도 보려고 다시 카밀라의 집을 찾지만, 아들은 아버지를 문전박대하고 결코 만나 주지 않는다.

싯다르타는 그제야 자신의 인생에서 무엇이 결여되었는지를 깨닫는다. 단 한 번도 누군가를 진정으로 사랑해 본 적이 없다는 것, 그에게 중요한 것은 오직 '나 자신'뿐이었음을 깨닫자 눈물이 폭포수처럼 쏟아진다. 대단한 스승의 가르침도 좋지만, 경전의 훌륭한 메시지도 아름답지만, 그가 외면했던 수많은 타인들의 사랑이야말로 그를 지켜 준 진짜 버팀목이었음을 비로소 깨달은 것이다.

그는 이제야 알 것만 같았다. 자신을 둘러싼 사랑의 힘을. 아들을 머나먼 수행자의 길로 떠나 보내고 나서도 수십 년간 편지 한 통 받아 보지 못한 부모의 마음을. 한 남자를 사랑하여 장안 최고의 기생이 누릴 수 있는 온갖 사치와 명성도 다 버린 채 오직 아들을 홀로 키우며 부처님의 길에 귀의하려 한 카밀라의 조건 없는 사랑을. 혈연으로 묶인 것도 아닌데 그를 마치 친형처럼 따르며 해바라기처럼 자신만 바라보던 고빈다의 사랑을. 그리고 무엇보다 이 세상에 태어나 살아 있음 자체에 온 세상 만물의 다함없는 사랑이 깃들어 있음을 깨달은 것이다. 그는 아버지에게 눈길도 주지 않는 차가운 아들을, 그럼에도 불구하고 미친 듯이 사랑하는 자신의 모습이야말로 '완전한 자아'나 '깨달음을 완성한 자'보다 더 진실한 '있는 그대로의 나'임을 비로소 깨친다.

심리학자 마크 엡스타인은 『트라우마 사용설명서』에서 이런 궁극적인 깨달음을 운문 선사의 가르침에 빗대어 설명한다. 『벽암록』에서 운문 선사는 우리의 존재 자체가 '황금바람에 드러난 몸'이라고 이야기한다. 우리가 아무도 이해할 수 없는 고통에 허덕이더라도, 누구도 나를 돕지 않는 고립무원의 상태에 이르더라도, 우리의 존재는 본질적으로 황금바람에 드러난 축복받은 몸이라는 것이다.

엡스타인은 황금바람을 가리켜 일종의 '관계의 고향' 같은 것이라고 설명한다. 관계의 고향이란 외부에 존재하는 어떤 도움이 아니다. 이 황금바람, 즉 관계의 고향은 어떤 외부 사물에 의존하는 것도 아니고, 누군가 조력자가 꼭 옆에 있어야 가능한 것도 아니며, 오히려 우리가 가장 힘겨운 고난에 처했을 때조차 우리 자신과 함께하는 그 무엇이다. 황금바람은 우리 모두에게 잠재해 있는 원초적 관계, 즉 어머니와 아기 사이의 완전한 합일 같은 본질적 관계에 대한 암묵지(안다고 인식하지 못하면서도 우리가 이미 알고 있는 것)를 환기시킨다.

엡스타인은 깨달음의 순간을 이렇게 표현한다. 트라우마에 직면했을 때, 그것에 저항하거나 부정하려는 노력뿐 아니라 심지어 그것을 극복하고 그것에 몰입하려는 노력까지 모두 포기할 때 비로소 기대하지 못했던 무엇인가가 일어난다고. 보리수나무 아래에서 깨달음을 얻은 부처처럼, 어머니의 품안에만 있으면 세상 모든 것을 다 가진 듯 행복한 아기처럼, 우리는 '내 안의 황금바람'을 느낄 수 있는 충만한 자아가 될 수 있다. 내가 스스로를 '보살피는 자아'가 될 수 있으며, 나아가 자기를 치유하는 힘을 스스로 얻을 수 있으며, 희생이나 억압이 아닌 방식으로 타인을 치유하는 자가 될 수도 있다. 도대체 내 문제가 무엇인지를 알아내기 위해 우울증 약을 찾고 의사를 찾아다니며 별의별 방법을 동원해 보지만, 우리는 마침내 이런 결론에 이르게 될 것이다. 내 고통과 슬픔, 내 꼬여 버린 인생에 대한 깨달음이 최고의 치유라고.

"사랑이라는 것은 말일세, 고빈다, 그 사랑이라는 것
이 나에게는 무엇보다도 중요한 것으로 여겨져. 이 세상
을 속속들이 들여다보는 일, 이 세상을 설명하는 일, 이
세상을 경멸하는 일은 아마도 위대한 사상가가 할 일이
겠지. 그러나 나에게는, 이 세상을 사랑할 수 있는 것,
이 세상을 업신여기지 않는 것, 이 세상과 나를 미워하
지 않는 것, 이 세상과 나와 모든 존재를 사랑과 경탄하
는 마음과 외경심을 가지고 바라볼 수 있는 것, 오직 이
것만이 중요할 뿐이야."

— 헤르만 헤세, 『싯다르타』에서

24

'내가 진짜로 느끼는 것'을 느껴 보자

'스파이 의식'이라는
순수한 주의집중

상실의 슬픔이 무엇인지 잘 몰랐던 어린 시절에 나는 소중한 존재를 잃어버리면 평범한 일상 자체가 불가능할 거라고 상상했다. 그런데 그것은 일상의 무서운 중력을 몰랐을 때의 철없는 상상이었다. 우리 집에서 기르던 첫 번째 강아지 보현이가 교통사고로 죽었을 때, 우리 집 딸들은 너무 많이 울어서 부모님에게 꾸지람을 들을 정도로 심각한 슬픔에 빠졌었다.

지금도 흑진주처럼 까맣게 빛나던 보현이의 티 없는 눈망울이 눈앞에 선연하다. 나는 그토록 사랑하던 강아지가 죽었으니 최소한 사흘은 잠도 못 잘 것이고, 밥도 안 먹겠다고 결심했지만 그날 바로 잠이 쏟아졌다. 배도 맹렬히 고파 왔다. 그런 나 자신에게 무척 실망했다. 분명히 슬픔으로 목이 메는데 왜 자꾸 배가 고프고 눈꺼풀이 천근만근 무거워지는 걸까?

어른이 된 후 더욱 뼈아픈 상실의 슬픔을 겪었을 때에도 또다시 맹렬하게 일상으로 복귀하는 내가 싫었다. 막내삼촌이 어릴 때 앓았던 소아마비로 평생 목발 없이 걷지 못하시다 스물아홉 꽃다운 나이에 세상을 떠났을 때, 나는 아직 자식이 없는 삼촌의 상주(喪主)가 되었다. 당시 스물한 살의 나는 깊은 충격을 받았다. 최소한 몇 달은 웃지도 떠들지도 못할 거라 생각했는데, 장례식 바로 다음 날 친구의 농담에 나도 모르게 웃음을 터뜨리고 말았다. 도대체 왜 이러는 것일까? 과연 평범한 일상의 관성이 뼈아픈 상실의 슬픔을 압도하는 것일까?

문제는 그리 간단치 않다. 일상으로 복귀했다고 해서 슬픔의 의례가 끝난 것이 아니다. 장례식 등의 사회적 의례가 끝난 뒤 본격적으로 기나긴 내면의 애도가 시작된다. 상실의 슬픔은 산사태처럼 한꺼번에 존재를 휩쓸어 가는 것이 아니라, 낙숫물이 매일 바위에 떨어지듯 천천히 마음에 거대한 상실의 구멍을 만든다. 모든 트라우마는 마치 조각상을 깎아 내는 칼처럼 매일매일 '나'를 깎아 내고 부서뜨리고, 그러면서 조금씩 '나'의 새로운 형태를 만들어 갔다.

공개적인 글쓰기로는 차마 표현할 수 없는 수많은 상처들이 나를 조각해 냈다. 그 모든 트라우마는 내게 말한다. 트라우마를 없앨 수는 없지만 트라우마와 함께 살아가는 법을 배워야 한다고. 상처를 완전히 낫게 할 수는 없지만 상처와 함께, 상처를 안고, 상처를 보듬고, 때로는 상처로부터 배우며 조금씩 앞으로 나아가야 한다고. 상처는 엄청난 예외상태가 아니라 존재의 필수적 성립 조건이다.

『가든파티』의 로라는 아픈 '상실의 본질'을 자신이 전혀 알지 못했던 타인의 죽음을 통해 배우게 된다. 어느 화창한 날, 화려한 가든파티를 준비하고 있었던 부잣집 딸 로라는 거침없는 육체노동을 해내는 인부들의 건장한 모습에 호감을 느낀다. 주변 남자들 중 그렇게 힘든 육체노동을 척척 해내는 이가 없었기 때문이다. "일요일 저녁이면 함께 춤추고 저녁이나 같이 먹는 멍청한 남자들 말고, 이렇게 씩씩하고 믿음직스러운 인부들을 친구로 사귀면 왜 안 될까." 계급 차별은 나쁜 것이라 믿는 로라는 당시 영국 상류사회의 돌연변이였던 것이다.

온 집안사람들이 파티 준비에 열을 올리는데, 이웃의 짐꾼 스코트가 낙마 사고로 죽었다는 비보가 들려온다. 아내와 다섯 아이를 남긴 채, 가난한 짐꾼 스코트는 비명횡사하고 말았다. 깊은 충격을 받은 로라는 결심한다. "우리 집 바로 근처에서 사람이 죽었는데, 가든파티를 열 수는 없어." 그제야 독자의 눈에 짐꾼 스코트가 사는 빈민가가 로라의 호화 주택과 얼마나 가까이 있는지 보이기 시작한다. 겨우 길 하나를 사이에 둔 빈민가와 대저택, 두 세계 사이에는 건널 수 없는 마음의 벽이 존재하지만, 로라는 그 벽을 뛰어넘어 그들의 아픔에 진심으로 공감하고 싶었다.

로라는 어머니를 설득해 파티를 취소하려 한다. "어머니, 당연히 우리가 파티를 열면 안 되겠죠? 악단과 손님들이 오잖아요. 파티 소리가 그들에게도 들릴 거예요." 어머니는 로라를 오히려 이상한 아이 취급하고, 화려한 새 모자를 씌워 준다. "로라, 넌 참 엉뚱하구나. 그들은 우리가 자기들을 위해 희생할 거라고 기대하지 않는단다. 너는 지금 사람들의 기쁨을 망치는 거야." 로라는 어머니에게 설복당한 후, 문득 거울에 비친 자신을 바라본다. 화려한 벨벳 리본으로 멋들어지게 장식한 모자를 쓴 매혹적인 소녀의 모습. 소녀는 그렇게 자신의 페르소나를 자각한다. 자신의 아름다운 모습에 도취되면서, 빈민가의 이웃을 걱정하는 마음은 잦아들고 만다.

산란한 마음을 가라앉히고, 이제 어엿한 파티 주인공이 된 로라는 파티의 흥취에 흠뻑 젖어든다. 많은 사람들과 함께하면서 악수하고 뺨을 부비며 미소 짓는 일은 얼마나 행복한가. 로라는 '이곳'에 속한 사람이었다. 파티가 끝나자 어머니는 놀랍게도 '남은 음식'을 빈민가에 가져다주라고 말한다. "그 불쌍한 사람들에게 이 완벽하고 훌륭한 음식을 보내렴." 실컷 파티를 즐기고 남은 음식을 빈민가 장례식장에 보내라는 엄마의 마음은 연민도 자비도 아닌 그저 이기적인 생색임을 로라는 간파하지 못한다. 가난한 자들과 '친구'는 될 수 없어도 '적'으로 보이고 싶지는 않다는 재빠른, 그러나 멍청한 계산속이었다.

장례식에 가는 도중, 비로소 로라는 후회하기 시작한다. 빈민가 사람들이 자신을 바라보는 눈길이 심상치 않은 것이다. 저렇게 화려한 차림을 한 아가씨가 왜 갑자기 여기에 왔을까, 하는 표정이 예리한 칼날처럼 온몸에 박힌다. 뜻밖에도 스콧 부인은 로라를 친절하게 맞으며 죽은 사람의 방으로 인도한다.

이제 속세의 모든 기쁨과 슬픔에서 멀어져 버린, 가여운 남자의 비극적인 안식이 뜻밖에 너무도 아름답고 성스럽게 느껴진다. 깊은 충격을 받은 로라는 아이처럼 펑펑 울면서 뛰쳐나온다. "제 모자를 용서해 줘요!" 사람들은 그녀의 뜬금없는 외침을 이해했을까. 슬픈 장례식에 이토록 화려한 모자를 쓰고 참석한 자신의 '어울리지 않음'을 용서하라는 이야기였으리라. 자아를 확장하고 싶은 원초적 욕망과 타인을 향한 반성적 의식의 충돌 사이에서 로라는 깊은 성장통을 겪는다. 우리가 살아 있는 한 내가 잘되고 싶은 욕망, 내가 돋보이고 싶은 욕망과 타인을 배려하는 마음은 끝없이 충돌한다. 이제 로라는 수없이 이런 일을 겪을 것이다. 이보다 더 아픈 일도. 하지만 적어도 '반성적 자의식'을 가지기 시작했다는 것이 성장의 시작이다.

우리가 자신의 상처를 돌보면서 동시에 그 상처에 스스로 질식당하지 않는 방법은 무엇일까. 우선 자기 마음을 좋건 싫건 있는 그대로 보는 능력이 필요하다. 마음의 평정이 시작되는 시간은 트라우마를 '치료할 수 있다는 믿음'을 갖는 순간이 아니라, '트라우마 따위는 없는 척하기'를 멈출 때다. 심리학에서는 이렇게 순전히 관찰하는 태도를 '순수한 주의집중(bare attention)'이라 부른다.

심리학자 마크 엡스타인은 『트라우마 사용설명서』에서 '순수한 주의집중'이야말로 트라우마를 치유하는 첫 번째 단계임을 강조한다. 어떤 미화도 과장도 없이 마음의 추이를 있는 그대로 관찰하기. 이것은 말처럼 쉽지가 않다. 우리는 자꾸 자기 마음을 판단하고 과장하고 해석하는 데 길들여져 있기에. 그 익숙한 습관을 거부하고 마음의 천변만화한 움직임을 그저 흘러가는 대로 바라보는 훈련이 필요하다.

엡스타인은 이렇게 조언한다. 즐거운 것에 집착하지 말고, 즐겁지 않은 것도 거부하지 말라. 단순히 있는 그대로 거기 머물러서 '마음의 바람'을 느껴 보자. 티베트불교 전통에서는 이 순수한 주의집중을 '스파이 의식'이라 부른다. '스파이 의식'이라는 명칭이 무척 흥미롭다. 내 마음이면서도 내 마음이 아닌 제3의 눈, 그것이 스파이의 시선이니까. 이 스파이 의식이야말로 마음챙김의 핵심 기술이다. 당신의 부끄러운 트라우마에 얽힌 깊은 마음의 비밀을 인식할 때, 내면의 성장은 시작된다. 트라우마는 일상의 방해물이지만 내적 성장의 빛과 소금이다. 나를 파괴하는 트라우마가 동시에 나를 새롭게 창조해 낸다.

"우는 건 아니지?" 오빠가 물었다.

로라는 고개를 저었지만, 그녀는 울고 있었다.

로리가 그녀의 어깨를 감싸 안았다. "울지 마."

그가 사랑이 담긴 따뜻한 목소리로 물었다. "무서웠니?"

"아니." 로라가 흐느꼈다. "그저 경이로웠어, 그렇지만 오빠―." 그녀는 말을 멈추고 오빠를 쳐다보았다.

"인생이란 게……." 그녀는 말을 더듬었다. "인생이란 게―." 그렇지만 인생이 어떠하다라는 걸 설명할 수는 없었다.

그러나 무슨 상관인가. 그는 무슨 말인지 충분히 알아들었다.

"그러게 말이야, 맞아." 로리가 말했다.

―캐서린 맨스필드, 『가든파티』에서

상처를 완전히 낫게 할 수는 없지만, 상처와 함께,
상처를 안고, 상처를 보듬고, 때로는 상처로부터
배우며 조금씩 앞으로 나아가야 한다. 상처는 엄청난
예외상태가 아니라 존재의 필수적 성립 조건이다

25

익숙한 모든 것과 거리 두기

중년, '내면의 형상'을
찾는 시기

　런던에서 잘나가던 증권투자자가 그림을 그리겠다며 하루
아침에 가족과 명예와 부마저 내팽개쳐 버린 이야기, 『달과
6펜스』를 읽으며 나는 망연자실했다. 소설 속 화가가 대단한
사람이라는 생각이 들었지만 '나는 결코 그런 사람은 되고 싶
지 않다.'는 생각도 들었다. 자신의 예술을 위해 가족을 헌신짝
처럼 버리는 그 이기심을 도저히 용납할 수 없기 때문이었다.
그에게는 재능이 축복이면서도 저주였다. 솔직히 제발 나에게
는 이런 저주가 내려지지 않기를 바랐다. 우리는 모두 자신에

게 뛰어난 재능이 있기를 바라지만, 이렇듯 삶을 파괴해 버리는 재능이 반갑지만은 않다.

하지만 모든 재능에는 사실 이런 파괴적인 속성이 있다. 그 파괴의 정도나 깊이가 다를 뿐. 나 같은 회색분자들은 50퍼센트쯤의 재능과 50퍼센트쯤의 행복을 선택하고 싶어 하지만, 주인공 스트릭랜드는 100퍼센트의 재능과 0퍼센트의 행복을 선택한다. 그는 예술을 위해 자신의 삶 전체를 불살랐다. 어린 시절에는 『달과 6펜스』가 아름답고 멋져 보였는데, 어른이 되어 읽으니 가슴이 찢어질 듯 아팠다. 내게 이런 재능이 없다는 것을 이제 명백히 알기 때문이기도 하고, 그런데도 이 천재 화가의 불꽃같은 삶이 여전히 눈부시기 때문이기도 하다.

서머싯 몸(1874-1965)은 스트릭랜드를 잘못된 장소에서 태어난 사람, 어울리지 않는 사회에 속해 있던 사람, 그리하여 타히티라는 원시 낙원에서 마침내 원초적 고향을 찾은 사람으로 묘사한다. 그래서 이 작품을 읽으며 기도했다. 나는 내가 태어날 곳이 아닌 데서 태어난 것이 아니기를, 어딘지 모를 고향에 대한 그리움 때문에 내 평화로운 삶을 저당 잡히지 않기를. 가족 사이에서조차 평생 이방인처럼 살고, 아무리 친숙한 곳이라도 늘 낯선 곳인 것처럼 서먹서먹하게 여기는, 그런 저주가 내려지지 않기를 바랐다.

그런데 간단한 문제가 아니었다. 그렇게 천재적인 재능을 지니지 못했다 하더라도, '내가 속할 곳이 아닌 곳에 억지로 속한 느낌'은 사실 현대인이라면 누구나 한 번쯤 겪어 보는 삶의 문제다. 『달과 6펜스』는 단지 '평범한 삶을 살다가 예술에 눈뜬 천재 화가의 이야기'가 아니다. 우리 모두 언젠가는 마주해야 할 '중년의 위기'에 대한 이야기로 다시 읽을 수 있다.

성공한 중년 남자 스트릭랜드는 겉보기에는 삶의 전성기를 맞았지만, 내면에서는 엄청난 고독과 분열을 느꼈을 것이다. 이 중년의 위기를 어떻게 넘기느냐에 따라 개인의 삶은 천양지차로 달라진다. 내 눈에 비친 중년은 '인생의 향방을 바꾸기에 가장 적절한 시기'다. 특히 잘못된 인생행로를 완전히 급선회할 수 있는 최고의 기회가 바로 중년이다. 노년에도 물론 인생의 향방을 바꿀 수 있지만, 체력적인 면이라든지 '얼마 남지 않은 시간'에 대한 부담이 클 수밖에 없다. 그러나 중년기에는 마음이 어느 때보다 성숙하고, 몸도 여전히 팔팔하다. 중년은 자신을 가장 객관적으로 바라볼 수 있는 시기다. 청년기에는 뭐든 할 수 있다는 객기도 부려 보지만, 중년이 되면 내가 무엇을 잘 해내고 무엇을 잘 못하는지를 안다. 절망이 무엇인지 알고, 희로애락의 극단도 경험했으며, 게다가 자신을 한계까지 밀어붙여 본 적도 있는 중년이라면 더욱 '인생의 방향을 바꿀 수 있는 기회'가 많다.

스트릭랜드는 인생을 바꿀 이 절호의 기회를 한순간도 놓치고 싶지 않았다. 이제야 발견한 자신의 진짜 재능을 갈고 닦기 위해서는 1분 1초도 아까웠을 것이다. 그동안 쌓아 온 모든 삶을 단칼에 버릴 수 있었던 이유도 '나쁜 사람'이라서가 아니라 '절박한 내면의 고통' 때문이었다.

카를 구스타프 융은 '중년의 위기'에 관심을 기울인 최초의 심리학자였다. 융 자신이 바로 중년의 위기를 호되게 겪었다. 프로이트는 주로 유년기에 관심을 가졌고, 성인을 치료할 때도 '유년기 트라우마'에 집중했으며, 중년이나 노년의 환자는 '돌이키기 힘든 나이'라는 이유로 치료를 꺼리기도 했다. 하지만 융은 중년의 환자들을 환영했고, 그들의 심리적 고통을 치유하는 것이 인간 삶에서 매우 중요한 과제임을 깨달았다. 융은 프로이트와 심한 갈등을 겪었지만 그 갈등을 극복하는 과정에서 '진정한 자신의 길'을 찾았다. 그리고 고통스러운 몽상과 꿈을 일일이 기록하면서 자기만의 심리학적 과제를 찾아내는 데 성공했다.

융은 『기억, 꿈, 사상』에서 이렇게 말한다. "내면의 형상을 찾던 그 시기는 내 인생에서 최고로 중요한 시기였다. 그 시기야말로 중요한 모든 것들이 결정되는 시간이었다." 청년기가 사회와 가족 안에서 자신의 '외적인 형상'을 찾아가는 시기라면, 중년기는 자신의 삶에서 '내면의 형상'을 찾는 시기다. 이 '내면의 형상'을 찾는 데 실패하면, 삶은 세속적인 성공이나 물질적인 이득만을 향해 치닫거나 돌이킬 수 없는 타락으로 이어질 수도 있다.

스트릭랜드는 '예술가로서의 자아'를 창조하는 데는 성공했지만, '한 인간으로서의 행복'을 완전히 포기했다는 점에서 완벽한 모델이 아니다. 특히 스트릭랜드가 세 여인의 삶을 파괴하는 과정에는 도저히 공감할 수가 없다. 그는 가족을 완전히 버림으로써 아내의 행복을 파괴했고, 자신을 사랑했던 유부녀 블란치에게서는 남편의 사랑은 물론 정상적인 삶을 살 수 있는 기회마저 박탈했으며, 타히티에서 만난 원주민 처녀에게도 결코 좋은 남편이 되어 주지 못한 채 그녀를 마음대로 부려 먹었다.

『달과 6펜스』는 철저히 남성 중심적인 시각에서 '예술가의 재능'을 예찬한다. 하지만 문학적으로는 훌륭하나 심리학적으로는 논쟁적일 수밖에 없는 이 작품 속에서 나는 '중년의 위기'라는 문제의 본질을 본다. 스트릭랜드처럼 극단적인 선택을 할 수는 없지만, 우리 모두에게 언젠가 닥칠 중년기에는 '봉인의 시기'가 필요하다. '사회가 나를 어떻게 평가하는지'에 대한 긴장감에서 완전히 해방되어, '내가 나를 바라보는 시간과 공간'을 반드시 확보해야 한다.

우리는 익숙한 공간, 한정된 시간, 지금까지 '나다운 것'이라 믿어 왔던 세계의 매트릭스에서 단 며칠만이라도 벗어나 봐야 한다. 가능하다면 정기적으로 '자기로부터의 탈주'를 꿈꾸는 시간을 짧게라도 가져야 한다. 그러지 않으면 거대한 조직사회나 자본의 톱니바퀴가 굴리는 대로 굴러가거나, 가족이라는 블랙홀에 빠져 진정한 '나'를 찾을 길이 없어지게 된다.

미국의 심리학자 에이브러햄 매슬로(1908-1970)는 '창조성'의 비밀을 '혼자 있을 수 있는 힘', 그리고 지금 이 순간 오직 이곳에만 존재할 수 있는 고도의 집중력에서 찾았다. 매슬로는 『인간 본성의 탐구』에서 이렇게 말한다. 창조적 열정을 지닌 사람은 과거는 물론 미래까지 잊고 오직 그 순간에만 몰두한다고. 자기 자신에게서조차 벗어날 수 있는 사람, 공간과 사회와 역사로부터 벗어날 수 있는 사람이야말로 진정 창조적인 사람이라고. 스트릭랜드는 진정 창조적인 인간이었다. "당신은 삼류 화가 이상은 되지 못할 것"이라는 냉정한 충고를 듣고도 오직 그림에만 집중하는 스트릭랜드의 모습은 다시 읽어도 눈물겹다. "나는 어쨌든 그림을 그려야 한다지 않소? 그리지 않고는 못 견디겠단 말이오. 물에 빠진 사람에게 헤엄을 잘 치고 못 치고는 문제가 되지 않소. 우선 헤어 나오는 게 중요하지. 그러지 않으면 빠져 죽어요."

창의적인 사람은 '익숙한 모든 것과 거리를 둘 수 있는 능력'을 지닌 사람이다. 나, 가족, 시간, 공간, 사회로부터 거리를 둘 수 있는 능력. 동시에 창의적인 사람은 어떤 상황에서도 '지금 이 순간'에 완전히 자신을 던질 수 있는 용기를 지닌 사람이다. '중년의 위기'를 '창조성의 원천'으로 바꿀 수 있는 최고의 비법은 바로 세상에 완전히 초연할 수 있는 담력이다. 자신을 예측 불가능한 상황에 완전히 내던질 수 있는 용기, 그것이야말로 '인생 제2막'을 시작하는 힘이다.

솔직히 말해서 찰스 스트릭랜드를 처음 만났을 때 나는 그에게서 보통 사람과 다른 점을 조금도 발견하지 못했다. 그렇지만 이제 와서 그의 위대성을 부인하는 사람은 별로 없을 것이다. 위대성이라 해서 때를 잘 만난 정치가나 성공한 군인을 수식하는, 그런 위대성을 말하는 것이 아니다. 그런 위대성은 그 사람의 지위에서 나오는 어떤 것이지 사람 자체가 가지는 특질이라고는 할 수 없다. 상황이 변하면 위대성에 대한 평가도 사뭇 달라지기 마련이니까. (…) 찰스 스트릭랜드의 위대성은 진짜였다.

—서머싯 몸, 『달과 6펜스』에서

우리는 익숙한 공간, 한정된 시간, 지금까지
'나다운 것'이라고 믿어 왔던 세계의 매트릭스에서
단 며칠만이라도 벗어나 봐야 한다. 가능하다면
정기적으로 '자기로부터의 탈주'를 꿈꾸는 시간을
짧게라도 가져야 한다. 그러지 않으면 거대한
조직사회나 자본의 톱니바퀴가 굴리는 대로
굴러가거나, 가족이라는 블랙홀에 빠져 진정한 '나'를
찾을 길이 없어지게 된다

하지만 그럼에도 불구하고, 한순간 나는 언뜻 본 것이 있었다. 육체와 결부된 존재로서는 도저히 생각할 수 없는, 위대한 무엇인가를 향해 뜨겁게 타오르는, 고뇌하는 영혼이 그것이었다.

— 서머싯 몸, 『달과 6펜스』에서

가면을 벗어던지고

문학이라는
내면의 거울

'메이크업(makeup)'이라는 단어 속에는 실제 모습보다 더 나아 보이게 만든다는 의미가 포함되어 있다. 현대인은 이제 얼굴을 꾸미는 화장뿐 아니라 '남들에게 보이는 모든 것'을 메이크업하기를 여기저기서 요구받고 있다. 포토샵을 지나치게 사용해 자신의 원래 얼굴과 많이 다른 사진을 이력서에 붙이기도 하고, 자기소개서를 쓰거나 청중 앞에서 중요한 발표를 할 때도 자기 '이상'의 모습을 선보이고, 일상적인 셀카를 찍을 때도 최고의 각도를 찾아 스스로를 돋보이게 하며, 키높이구두를 신어 아무도 모르게 훌쩍 '키 큰 사람'이 된다.

그러면서도 집에 돌아와 구두를 벗고, 메이크업을 지우고, 거울 속 자신을 비춰 보면 왠지 쓸쓸한 느낌에 사로잡힌다. 항상 나보다 더 나은 모습으로 꾸미고 다니느라 정작 '진짜 나'는 소외당하고 있는 건 아닐까. 때로는 '제대로 꾸민 나'의 모습에 더욱 익숙해진 자신을 발견하기도 한다. 우리는 왜 자꾸만 '진짜 나'보다 '보이는 나'를 더 화려하고 멋지게 꾸미고 싶어 할까. 진짜 나를 보여 주면 큰일이라도 날 것처럼.

윤흥길(1942~)의 『아홉 켤레의 구두로 남은 사내』는 바로 이런 인간의 허위의식을 진솔한 언어로 그려 낸다. 가난한 소시민의 삶을 지탱하는 허위의식을 날카롭게 파헤친 이 작품은 오랜 시간이 지난 후에도 깊은 울림을 남긴다. 허위의식은 자신의 처지나 현실보다 훨씬 높은 곳에 자신을 올려 두고, 진짜 자신보다 더 높은 곳에 있는 바로 그 허위의 나를 오히려 진짜 나로 인식하는 것이다. 허위의식은 원래 사회학적 용어였지만 점점 심리학적인 중요성을 갖게 되었다. 허위의식은 자신을 더 나은 계급으로 착각하는 오인현상에서 비롯되지만, 그 밑바닥에는 '나의 원래 모습이 싫다. 그러니 어떻게 해서든 나의 본래 모습보다 더 높고 더 커다란 자신을 만들어 내야 한다.'는 강박관념이 깔려 있다.

『아홉 켤레의 구두로 남은 사내』에서 허위의식의 주인공은 어려운 살림에도 불구하고 구두만은 번쩍번쩍 광이 나게 손질하여 멋스럽게 신고 다니는 권씨뿐만이 아니다. 아직 능력이 안 되는데도 억지로 무리해서 집을 사고는 마음고생을 하고 있는 '나' 오선생에게도 일말의 허위의식이 있다. 게다가 이 세상 수많은 집주인들 중 '우리가 가장 질 좋은 부류'에 속한다고 자부하는 오선생은 심지어 자기 집에 세 드는 사람은 틀림없이 운 좋은 사람이라며 '자기들처럼 질 좋은 사람들'이기를 바란다. 그렇게 모자란 돈을 변통하기 위해 집을 세놓으면서 '나'와 '권씨'의 인연은 시작된다.

권씨는 임신한 아내에 두 아이까지 딸린 가장이지만, '광주대단지 사건'의 주동자로 억울하게 몰려 감옥살이를 한 뒤 경찰의 감시 대상이 되어 버린 상태다. 그 또한 멀쩡한 집 한 채 장만해 보겠다고 철거민 입주권을 구해 광주대단지에 땅을 분양받았다가 딱한 신세가 된 것이다. 하지만 처음 만난 권씨는 주눅 들어 보이지 않았고, 오히려 반드르르 윤이 나는 구두가 그의 자존심을 세워 주었다.

그러던 어느 날 권씨의 아내가 갑작스레 제왕절개 수술을 받게 되었는데, 수술비 마련이 다급해진 권씨는 집주인 오선생에게 돈을 빌려 달라고 부탁했다가 거절당한다. 집주인의 속내는 이랬다. "책임이 따르는 동정은 피하는 게 상책이었다. 그리고 기왕 피할 바엔 저쪽에서 감히 두말 못 하도록 야멸차게 굴 필요가 있었다." 사이좋게 지내던 집주인으로부터 냉담하게 거절당하자, 자존심을 몹시 다친 권씨는 이렇게 말한다. "오선생, 이래 봬도 나 대학 나온 사람이오." 오선생은 자신이 너무 야박했음을 깨닫고 얼른 산부인과로 달려가 권씨 아내가 제왕절개 수술을 받도록 돈을 변통해 주고, 아기가 태어난 모습까지 지켜보며 뿌듯한 마음으로 집에 돌아온다.

하지만 이렇게 상황이 돌변한 것조차 모르는 권씨는 그날 밤 주인집에 몰래 들어가, 잠든 오선생의 목에 칼을 들이대고 만다. 집주인의 목에 칼을 겨눈 그 손은 덜덜 떨리고, 복면을 쓴 강도의 순한 눈빛을 금세 알아본 오선생은 가져가고 싶은 건 다 가져가라는 제스처를 취한다. 오선생은 권씨를 달래며 말한다. "어렵다고 꼭 외로우란 법은 없어요. 혹 누가 압니까, 당신도 모르는 사이에 당신을 아끼는 어떤 이웃이 당신의 어려움을 덜어 주었을지?" 하지만 이미 자존심에 깊은 상처를 입은 권씨는 눈앞에 아무것도 보이지 않는다. "개수작 마! 그

따위 이웃은 없다는 걸 난 똑똑히 봤어! 난 이제 아무도 안 믿어!" 자신의 정체가 탄로 났음을 깨달은 권씨는 행방을 감추어 버리고, 이제 남은 것은 권씨의 자존심을 지켜 주던 '아홉 켤레의 구두'뿐이다.

매일 번쩍번쩍 광이 나는 권씨의 구두는 그의 트레이드마크이기도 하지만, 그가 싸워야 하는 진짜 현실과는 동떨어진 허위의 이미지로 다가온다. 그의 삶은 전혀 빛나고 있지 않은데 구두만 반짝이니, 구두는 멋져 보이기는커녕 '기이한 불균형'의 느낌까지 준다. 어설픈 강도가 되어 주인집을 털려다 실패하고 나서, 익숙한 걸음걸이로 자기 방으로 들어갈 뻔한 권씨의 모습은 차라리 짠하기까지 하다. 그런데 강도와 집주인으로 만났을 때, 권씨와 오선생은 서로의 민낯을 보고야 만다. '이래 봬도 집주인'이라는 권위와 '그래도 대학 나온 사람'이라는 허위의식을 벗겨 낸 두 사람은 그제야 서로의 맨얼굴을 보게 된 것이다.

오선생은 집주인이라 목에 힘을 주고 다녔지만 사실은 도둑이 훔쳐갈 살림조차 없는 상태였다. 오선생은 권씨의 복면 너머로 보이는 착하디착한 두 눈을, 그렇게 해서라도 아내를 구하려는 한 남자의 벼랑 끝에 내몰린 생의 절박함을 그제야 알아본다. 권씨가 매일 반짝반짝 윤이 나는 구두를 갈아 신으며 자신을 무리하게 꾸미지 않았다면, 오선생이 권씨의 간절한 부탁을 처음부터 담백하게 들어주었다면 상황은 바뀌지 않았을까. 두 사람 모두 서로에게 진작 자신의 민낯을 보여 주었더라면 집주인과 세입자의 관계를 뛰어넘어 진정한 이웃, 또는 허물없는 친구가 될 수도 있지 않았을까.

그런데 과연 '진짜 나'는 '남들에게 보여 주는 나'보다 멋지지 않을까. 가꾸고 꾸며서 보여 주는 내가 과연 있는 그대로의 나보다 더 괜찮을까? 리플리증후군이라는 말이 한때 유행할 정도로 학벌과 외모는 물론 출신지와 이름까지 속이는 과잉된 '자기 치장'의 욕망이 사회문제가 된 요즘이지만, 굳이 그런 극단적인 사례를 들지 않더라도 많은 사람들이 자신도 모르게 '나보다 더 나은 또 하나의 나'를 만들어 살아가고 있다. 진짜 문제는 우리가 나 자신에게조차 '진짜 나'의 모습을 보여 주기 두려워한다는 것이다.

나는 심리학을 공부하면서 '진짜 나'의 모습을 어느 정도 알겠다고 느낀 적이 있었는데, 그것이야말로 자만이었음을 뼈저리게 깨닫는 중이다. 이 정도면 진짜 내 모습을 다 들여다보았다고 생각했는데, 내 인생의 트라우마와 콤플렉스는 마치 카멜레온처럼 다채로운 모습을 펼쳐 보이며 매번 변신을 거듭한다. '겨우 이런 걸 상처로 여기고 그동안 괴로워했던 말인가.'라고 스스로를 채찍질하기도 하지만, 알고 보면 너무 아프고 못난 나 자신에게도 보여 주기 싫은 상처들이 수두룩하다. 그럼에도 불구하고 의식과 무의식의 경계에 조금씩 다가서는 일은 미치도록 흥미롭다. 나의 밑바닥을 알아 갈수록 점점 '꾸미고 싶은 나'보다는 '진짜 나 자신'이 훨씬 괜찮은 사람이라는 생각이 든다.

우리는 습관적으로 '집단의 시선'을 내면화하고 있기에 '진짜 내 모습'보다는 사회적으로 치장한 나 자신이 괜찮다고 여긴다. 하지만 오랫동안 내 감정과 숨은 열망과 꿈속의 이미지들을 분석해 보니, 비로소 조금은 내 무의식의 살결이 만져지기 시작했다. 항상 꾸미고 숨겨야 할 만큼 우리의 숨겨진 진짜 모습은 그렇게 못생기지 않았다. 우리는 다만 있는 그대로의 나를 받아들이는 연습이 부족할 뿐이다.

사람의 외모를 비추는 거울이 아니라, 문학이라는 내면의 거울로 우리 마음을 좀 더 자주 비춰 보자. 그때 비로소 '남들에게 보여 주는 가면'보다 훨씬 더 깊고 아름다운 우리 자신의 마음속 골짜기와 계곡의 절경이 드러날지니. 우리를 지탱

하는 것은 지나치게 닦고 또 닦아 어색하게 반짝이는 구두가
아니라, 복면을 써도 끝내 감춰지지 않는 스스로의 해맑은 눈
빛이니.

"아마 프로이트가 한 말일 겁니다."

그는 병째 기울여 소주를 꿀꺽꿀꺽 들이켰다.

"성자와 악인은 종이 한 장 차이랍니다. 악인이 욕망
을 행동으로 표현하는 대신에, 성자는 그것을 꿈으로
대신하는 것에 불과하답니다."

그가 또 소주병을 기울이려 했으므로 나는 병을 빼앗
은 다음 아내를 시켜 간단한 술상을 보아 오게 하였다.

"내 입장이 그럴듯하게 보이기 위해서 성현을 깎아내
릴 생각은 없습니다. 그렇지만 프로이트에게 커다란 위로
를 받고 있는 건 사실입니다. 내가 전과자가 될 것을 미리
알고서 일찍이 그런 위로의 말을 준비해 둔 성싶거든요."

—윤흥길, 『아홉 컬레의 구두로 남은 사내』에서

'겨우 이런 걸 상처로 여기고 그동안 괴로워했단 말인가.'라고 스스로를 채찍질하기도 하지만, 알고 보면 너무 아프고 못나서 나 자신에게도 보여 주기 싫은 상처들이 수두룩하다. 그럼에도 불구하고 의식과 무의식의 경계에 조금씩 다가서는 일은 미치도록 흥미롭다. 나의 밑바닥을 알아 갈수록, 점점 '꾸미고 싶은 나'보다는 '진짜 나 자신'이 훨씬 괜찮은 사람이라는 생각이 든다

더 나은 삶을 위한 자유의지

해결되지 않은
트라우마의 역습

당장 필요한 것도 아닌데 대형 마트에만 가면 계속 서성이는 코너가 있었다. 바로 '인형의 집'이나 '소꿉놀이' 코너다. 나는 키덜트족이 아니건만, 다른 장난감에는 전혀 관심이 없는데도 인형의 집만 보면 걸음이 멈춰졌다. 지금도 여전히 인간 세계의 완벽한 복사판이자 미니어처로 만들어진 인형의 집을 보면 가슴이 떨린다. 차마 이 나이에 인형의 집을 살 수는 없어 미니어처로 관심을 돌렸다. 여행을 떠나면 꼭 그 지방에서 만든 기념품 미니어처를 사온다. 하지만 오히려 미니어처와 인형의 집은 엄연히 다른 것임을 더욱 뼈저리게 깨닫는다. 욕망의 대체재는 아무런 소용이 없다. 욕망의 대체재는 더 큰 열망, 더 본질적인 열망만을 아프게 건드릴 뿐이다.

어른이 되자 '내 아이디어로 설계한 나만의 아름다운 집'을 갖고 싶은 열망이 '인형의 집 트라우마'와 포개지면서 더 커다란 열망으로 폭발하고 말았다. 이제 나는 인형의 집뿐 아니라 박물관이나 미술관에서도 건축물 미니어처를 보면 사족을 못 쓴다. 어린 시절 인형의 집을 꼭 갖고 싶었는데 그 꿈을 이루지 못했던 기억이 상처로 남았던 것 같다. 그리고 그런 사소한 걸 상처라 생각하느냐는 말을 들었기 때문에, 그 후로는 누구에게도 말하지 않았다. 몇 달치 월급을 탈탈 털어 피아노까지 사 주시던 부모님이 인형의 집만은 사 주시지 않았던 걸 보면 '중요한 것'이 아니라고 생각하신 듯하다. 어쩌면 인형의 집을 갖지 못한 것보다 더 아팠던 것은 '내 생각은 중요한 것이 아니다.'라는 감정, '무언가를 간절히 원해서는 안 된다.'는 생각, 처음으로 세상에서 거절당한 느낌 같은 것이 아니었나 싶다. 그 뒤로 나는 '원하는 것을 제대로 표현하지 못하는 아이'가 되어 버렸다.

작은 상처도 이렇게 기나긴 트라우마를 남기는데, 치명적인 상처는 어떠할까. 심리학자 주디스 허먼(1970~)은 『트라우마』에서 이렇게 말한다. 잔혹한 일은 영원히 묻히기를 거부한다고. 민담에는 자기 이야기를 전할 때까지 무덤 속에서 편히 쉬지 못하는 유령이 가득하다고. 왜 자꾸 상처를 건드리냐며 트라우마에 대한 이야기 자체를 꺼리는 분들도 많다. 그럼에도 불구하고 그것이 중요한 이유는 트라우마를 이해하는 것이야말로 자기 이해의 핵심 과제이기 때문이다.

트라우마를 인지한다는 것은 자신의 취약성을 진심으로 받아들이는 것이다. 또 그러한 자기이해를 바탕으로 개인뿐 아니라 인간이라는 존재 전체의 취약성과 우리의 본성 내부에 자리 잡은 '악'의 가능성까지도 함께 이해할 수 있다. 여러 트라우마 중에서도 '핵심 트라우마'를 인지하는 것이 중요하다. 심리학자 마크 월린은 『트라우마는 어떻게 유전되는가』에서 '핵심 트라우마'가 생애 초기나 가족사에 미해결 상태로 남은 트라우마로 행동, 선택, 건강, 안녕에 무의식적으로 영향을 미친다는 점에 주목한다. 개인의 삶에서 핵심 트라우마가 해결되지 않았을 때 얼마나 치명적인 고통을 야기하는지 잘 보여 주는 작품이 바로 한강(1970~)의 『채식주의자』라 볼 수 있다.

주인공 영혜는 브래지어 착용하는 것을 싫어하는 것을 빼고는 특별한 점이 전혀 없는 평범한 아내였다. 적어도 남편의 관점에선 그랬다. 어느 날 꿈속에서 자신이 피를 뚝뚝 흘리며 날고기 먹는 모습을 본 뒤로 갑자기 육식을 멀리하게 된 영혜는 남편에게서도 고기 냄새가 난다며 잠자리를 거부한다. 영혜가 냉장고에서 고기는 물론 계란까지도 싹 치워 버리자 남편은 "그럼 대체 무얼 먹으란 말이냐."며 투덜거린다. 남편은 영혜의 갑작스러운 변화의 결과에만 주목할 뿐 그녀가 도대체 왜 그런 행동을 하는지에는 깊은 관심을 기울이지 않는다.

남편은 아내가 고기반찬을 잘 해 주고, 잠자리를 거부하지 않고, 자신의 모든 요구에 저항 없이 수긍하는 것이 '정상적'이라고 생각한다. 아내가 어느 날 갑자기 채식을 시작하고, 채식주의자로서 먹을 것이 별로 없는 주변 환경 속에서 차라리 음식을 점점 멀리하며 꼬챙이처럼 말라 가는 모습을 바라보면서, 남편은 '아내가 미쳐 가고 있다.'고 생각한다. 그는 장인과 장모까지 동원해 '점점 이상해져 가는 아내'를 바로잡겠다고 생각한다. 부모 또한 그녀를 진심으로 이해하려 노력하지 않는다. 다만 '증상'만을 문제 삼을 뿐 그 원인이 무엇인지 아무도 제대로 들어 주지 않는다.

영혜는 점점 고립되고, 급기야 언니 인혜의 집들이에서도 육식을 거부하다 아버지가 그녀의 입을 억지로 벌려 탕수육을 쑤셔 넣는 끔찍한 순간, 얌전하기만 했던 영혜는 마침내 폭발한다. 가족에게 '고기를 먹지 않는 것'은 곧 '정상적으로 살지 않겠다.'는 뜻으로 받아들여졌기에, 자신의 의지를 어떻게든 표현해야 했던 영혜는 칼로 자신의 손목을 긋고 만다. 채식을 고집한다는 이유만으로 영혜는 '비정상인'의 범주에 들어갔으며, 가족에게조차 이해받지 못하고 완전히 고립되어 버렸다.

영혜가 이런 행동을 하게 된 결정적인 이유는 어린 시절의 해결되지 않은 트라우마 때문이었다. 어린 시절 그녀는 커다란 개에게 물린 적이 있었는데, 자신이 키우던 개에게 물렸다며 정작 영혜 자신보다 더 커다란 분노에 휩싸인 것은 아버지였다. 아버지는 그런 배은망덕한 개는 절대로 용서할 수 없다며 마치 딸에게 자신의 뜨거운 부성을 증명이라도 하듯 그 개를 죽이려 한다. 더욱 끔찍한 것은 그 개를 죽이는 방식이었다. 아버지는 어디서 '달리면서 죽은 개는 훨씬 맛이 좋다.'는 속설을 듣고 와서는, 자신이 키우던 바로 그 개를 오토바이에 매달아 지쳐 죽을 때까지 뛰고 또 뛰게 만든다. 영혜는 그 모든 장면을 똑똑히 목격했고, 그 맑은 눈에 핏발이 선 채 죽어 가던 개의 얼굴을 기억했다.

또 한 차례의 폭력은 그 개를 영혜로 하여금 기어코 먹게 했다는 것이다. 너를 물어 버린 개를 네가 먹는 것이 바로 최고의 복수라 생각했던 아버지의 믿음은 소녀의 인격을 파괴해 버린다. '아버지'라는 이름으로 자행되는 폭력, '부성애'라는 이름으로 저질러진 폭력 앞에서 아무런 항거도 할 수 없었던 어린 소녀. 이제 어른이 되어 자신이 잊은 줄로만 알았던 그 트라우마가 자기 인생의 발목을 잡고 있었던 것을 뒤늦게 깨달은 것이다.

그렇다면 구원의 가능성은 없는 것일까. 「채식주의자」, 「몽고반점」, 「나무불꽃」으로 이어지는 연작소설 중 「나무불꽃」에서 언니 인혜의 모습은 트라우마를 진심으로 이해해 주는 누군가가 있을 때 치유의 가능성은 존재함을 감동적으로 보여 준다. 언니 인혜는 영혜가 식음을 전폐하고 정신병원에 입원해 있는 모습을 보며, 동생의 모든 상처를 있는 그대로 받아들이려 노력한다.

영혜는 자신이 곧 나무가 될 거라고 속삭인다. "내가 믿는 건 내 가슴뿐이야. 난 내 젖가슴이 좋아. 젖가슴으론 아무것도 죽일 수 없으니까. 손도, 발도, 이빨과 세치 혀도, 시선마저도,

무엇이든 죽이고 해칠 수 있는 무기"라고 말하는 영혜는 무언가를, 또는 누군가를 상처 입히거나, 죽이거나, 먹어야만 살 수 있는 세계의 질서에 저항하고 있는 것이 아닐까. 생명이 있는 한 무언가를 끊임없이 다치게 하고, 죽이고, 그 시체를 먹어야만 살 수 있는 인간의 비애를 영혜는 자신의 트라우마를 통해 꿰뚫어 보았고, 그 세계의 잔혹성에 온몸으로 저항하고 있는 것이다.

손목은 괜찮아. 아무렇지도 않아. 아픈 건 가슴이야. 뭔가가 명치에 걸려 있어. 그게 뭔지 몰라. 언제나 그게 거기 멈춰 있어. 이젠 브래지어를 하지 않아도 덩어리가 느껴져. 아무리 길게 숨을 내쉬어도 가슴이 시원하지 않아.

어떤 고함이, 울부짖음이 겹겹이 뭉쳐져, 거기 박혀 있어. 고기 때문이야. 너무 많은 고기를 먹었어. 그 목숨들이 고스란히 그 자리에 걸려 있는 거야. 틀림없어. 피와 살은 모두 소화해 몸 구석구석으로 흩어지고, 찌꺼기는 배설됐지만, 목숨들만은 끈질기게 명치에 달라붙어 있는 거야.

— 한강, 『채식주의자』에서

트라우마를 인지한다는 것은 자신의 취약성을 진심으로 받아들이는 것이다. 또 그러한 자기이해를 바탕으로 개인뿐 아니라 인간이라는 존재 전체의 취약성과 우리의 본성 내부에 자리 잡은 '악'의 가능성까지도 함께 이해할 수 있다.

고통마저 성장의 기회로 끌어안아라

인생의 첫 번째
자산 목록

이제 막 스무 살이 된 한 대학생과 대화를 하다 문득 등골이 서늘해진 적이 있다. 학생의 고민은 이런 것이었다. "지금까지는 항상 모범생으로 살아왔거든요. 엄마가 시키는 대로 살아온 거나 마찬가지예요. 심지어 친구도 엄마가 정해 줬어요. 엄마가 '재랑 놀지 마.'라고 한 아이와는 차마 친하게 지내지 못하겠더라고요. 옷을 고를 때도, 문과 이과를 선택할 때도, 대학을 선택할 때도, 학과를 선택할 때도 항상 엄마와 의논해서, 아니 엄마가 원하시는 대로 했어요. 그런데 이제는 엄마가

'너 하고 싶은 대로 해.'라고 하시니 적응이 안 돼요. 내가 하고 싶은 것이 도대체 뭔지 모르겠어요. 뭐가 내 마음대로 사는 거죠? 내 마음이라는 게 정말 있기는 한 걸까요?"

학생은 정말 얌전하고 모범적인, 그야말로 '엄친아'였다. 하지만 가만히 듣다 보니, 그와 비슷한 고민은 비단 마마보이들의 문제만은 아니었다. 어른이 되고 나서도 한참 동안 진짜 자기 삶의 주인이 되지 못한 채 살아가는 사람들이 참으로 많다. 어떻게 해야 내 삶은 진정 '내 것'이 될 수 있을까를 치열하게 고민하는 것이 바로 심리학의 과제이고 인문학의 화두다.

부모들은 아이들의 '중2병', 그러니까 유난스럽게 반항적인 사춘기를 걱정하시지만, 사실 아주 정상적인 발달 과정이다. 사춘기는 부모님이 뭔가를 잘못해서 반항하고 싶어지는 것이 아니다. 그냥 세상 모든 것이 불만족스럽고 특히 어른들 말을 듣는 것이 귀찮아지고 기성 질서에 반항하는 사람들은 다 멋있어 보이는 때다. 이런 반항기를 제대로 심각하게 겪은 사람들이 오히려 나중에 방황에 대한 마음의 면역력을 키울 수 있다.

이 시기는 남들처럼 살아야 한다는 의무감에 시달리는 '사회화'에 저항하는 시기이며, 점점 나만의 인격과 성격을 갖추는 '개성화'를 향해 마음의 닻을 내리는 시기다. 그런데 지나치게 엄격하거나 자기중심적인 부모 슬하에서는 이런 사춘기의 자연스러운 방황조차 사치가 되어 버린다. 옐프리데 옐리네크(1946~)의 『피아노 치는 여자』의 주인공 에리카가 바로 그런 경우다.

에리카는 겉으로 보기에는 빈틈없이 완벽해 보인다. 에리카는 연주자들의 꿈이라 할 수 있는 오스트리아 빈 음악원에서 피아노를 가르치는 교사다. 하지만 그녀의 삶을 자세히 들여다보면 에리카가 짙은 외로움에 시달리고 있다는 걸 알 수 있다. 애인도 친구도 없으며, 이렇다 할 '마음 둘 곳'도 없다. 에리카의 어머니는 아직도 정해진 스케줄표에 따라 딸의 모든 행적을 추적하고 관리한다. 어머니는 에리카를 위대한 피아니스트로 만들기 위해 세상살이의 모든 북적거림으로부터 딸을 격리시켜 왔다. 에리카의 삶은 마치 오선지 위의 피아노 악보처럼 잘 짜여 있다. 그녀는 마치 피아노 외에는 아무것도 모르는 인조인간처럼 훈육되었고, 어떤 열망이나 감정, 충동에도 흔들리지 않도록 교육받아 왔다. 정신질환을 앓던 아버지는 아내나 딸에게 그저 투명인간 같은 존재였으며, 딸에게 가난과 무력감만을 물려주었다.

이처럼 세상에 오직 둘뿐인 듯 고립된 삶을 살아가는 모녀 앞에, 어느 날 눈부신 미남 클레머가 나타난다. 제자 클레머는 스승 에리카에게 지적인 호기심을 느낀다. 에리카는 그가 한 번도 만나 본 적 없는 독특한 인간형이었던 것이다. 음악계에서 성공하고 싶었던 클레머는 자기보다 사회적으로 높은 위치에 있는 에리카를 유혹함으로써 성취욕을 느끼고 싶어 했다. 한편으로 사회적으로는 유능했지만 인간으로서는 지극히 미숙한 에리카를 성숙한 인간으로 만들고 싶기도 했다. 에리카를 향한 클레머의 열정은 얼어붙은 그녀의 삶에 온기를 불어넣고자 하는 욕망에서 비롯된 것이기도 했다.

하지만 에리카는 클레머의 열정을 이해하지 못한다. 한 번도 누군가를 '따뜻한 피가 흐르는 인간'으로서 좋아해 본 적 없는 에리카. 그녀는 사물을 소유하는 것과 인간을 사귀는 것 사이의 차이를 제대로 알지 못한다. 클레머가 에리카를 유혹할 때마다 에리카의 몸은 오히려 딱딱하게 굳어 버린다. 그녀는 한 번도 자기 몸의 진정한 주인인 적이 없었기 때문이다. 자기 몸을 던져 타인과 하나 되는 사랑의 행위가 그녀에게는 낯설고도 무서운 자기포기로 다가온다.

에리카는 어머니라는 이름의 감옥을 그토록 저주하면서도,

상처받을 때나 슬플 때나 절망할 때나 변함없이 어머니에게로 다시 돌아간다. 그녀는 한 번도 '어머니'라는 관제탑 없는 삶을 살아 본 적이 없다. 그녀에게 어머니 아닌 다른 타인의 육체는 너무도 낯설고 공포스러운 대상이다. 어머니는 에리카가 옷이나 구두, 액세서리도 사지 못하게 하는데, 남자들이 에리카에게 시선을 두지 않도록 만들기 위해서였다. 어머니는 딸이 오로지 '나만의 에리카'가 되기를 바랐고, 그 계획은 성공했다. "우리끼리만 살면 되는 거야, 에리카. 우리 둘만 있으면 다른 사람은 전혀 필요 없지 않니?"

이런 에리카에게 유일하게 현실적인 감정은 고통이다. 그녀는 즐거움이나 행복, 희열이나 만족 같은 감정을 알지 못한다. 오직 연습, 또 연습을 반복하며 '어머니에게 만족스러운 딸'이 되기 위해 노력해 온 그녀에게, 삶은 무지갯빛 다채로움이 아니라 회색빛 고통으로만 채워졌다. 그녀가 욕실에서 아버지의 면도칼로 자신의 몸을 자해하는 끔찍한 습관을 가지게 된 것도 '고통'을 통해서만 간신히 살아 있음을 느끼는 감각의 중독 때문이다. 그녀에게 유일하게 긍정적인 감각은 바로 타인을 통제하고 지배하는 느낌이다. 그녀는 그것이 사랑이라 착각한다.

클레머가 자신을 육체적으로 지배하려 하자, 에리카는 마치 군대의 지휘관이 이제 막 입대한 병사를 다루듯 자신이 관계의 주도권을 쥐려 한다. 그녀에게 사랑은 '지배하는 자'와 '지배받는 자' 사이의 통제를 의미하는 것인지도 모른다. 에리카는 클레머에게 자신을 꽁꽁 묶어 달라고, 더욱 고통스럽게 해 달라고 부탁하기까지 한다. "나를 무자비하게 다뤄 줘. 있는 힘을 다해 꽁꽁 묶어 줘!" 하지만 에리카는 바로 그렇게 '지배당하는 것'조차 그녀의 의지대로 통제하려 함으로써 상대와 진정으로 교감하는 데 실패한다. "그녀는 외부에서 가해진 폭력적인 억압으로 자신의 책임감을 덜고 싶어 한다. 누구에게인가 자신을 맡기고 싶어 하는 것이다. 그러면서도 자신이 내건 조건에 상대방이 따라야 한다."

아이러니컬하게도 에리카는 자신의 몸을 자해할 때만 '자신에 대한 통제권'을 제대로 행사하는 것처럼 보인다. 나는 에리카를 보면서 고통스러운 의문에 빠졌다. 왜 어떤 사람은 고통을 진심으로 즐길까? 왜 그녀는 자신의 생살에 칼을 들이대면서 쾌감을 느끼는 것일까? 심리학자 베셀 반 데어 콜크(1943~)는 『몸은 기억한다』에서 "신체는 모든 종류의 자극에 적응하는 법을 배운다."고 이야기한다. 그것이 설령 끔찍한 자극일지라도. 한증막의 뜨거운 온도라든지 마라톤할 때의 엄청난 호흡 곤란처럼, 처음에는 공포를 유발하는 경험이 나중에는 점점 쾌락으로 전이되는 경우가 있다는 것이다.

몸을 한계로 밀어붙이는 경험이 처음에는 고통이지만, 어느 임계점을 넘어가면 짜릿한 쾌감을 불러일으킬 수 있다. 심지어 자신을 때려 줄 사람을 고용하거나 자기 몸을 스스로 해하는 사람들, 자신을 해치는 사람에게만 끌리는 사람들은 바로 그 강렬한 감정 뒤에 찾아오는 기이한 쾌감을 즐기는 것이다. 그러나 분명한 것은 이런 식으로 끊임없이 더 강렬한 자극을 원하는 것은 결코 문제의 해결책이 아니라는 점이다. 육체적인 고통을 통해 정신적인 고통을 망각하는 이런 자해 행위는 결국 자신의 진짜 문제로부터 도망치는 것이다.

어떤 아픔이 우리를 공격해도 결코 고통에 둔감해지거나 고통을 당연하게 여기지 말자. 그 모든 아픔이 그 누구도 대신 살아 줄 수 없는 내 인생을 살기 때문에 겪는 고통임을 알아차린다면, 우리가 저마다 겪는 아픔이야말로 인생의 첫 번째 자산 목록 1호가 되지 않을까. 고통마저도 내면의 성장을 위한 아군으로 삼는 사람, 그런 사람이야말로 심리학적으로 건강하며 강인한 사람일 것이다.

오늘 에리카는 사정 때문에 잽싸게 움직일 수밖에 없다. 낙엽 더미가 바람에 휙 날리듯 쏜살같이 현관문을 지나 어머니 눈에 띄지 않고 자기 방에 들어가려 한다. 그러나 벌써 어머니가 그 앞에 턱 버티고 서서 에리카를 붙들어 세운다. 국가와 가정에서 만장일치로 공인된 이 어머니라는 지위는 종교재판장의 심문권과 총살집행자의 명령권을 동시에 거머쥐고 있는 것이다. 어머니는 에리카가 왜 이제야, 이렇게 늦은 시간에 집에 돌아오게 되었느냐고 캐묻는다. (……) 어머니는 악보가 가득한 에리카의 가방을 낚아채, 이제까지의 모든 의문에 대한 쓰디쓴 해답을 그 속에서 찾아내고야 만다. 네 권짜리 베토벤 소나타 악보들 사이에 방금 새로 산 게 뻔한 원피스 하나가 비좁게 자리를 차지하고 있었던 것이다. 옷을 보자마자 어머니는 길길이 날뛴다. 조금 전 상점에 걸려 있을 때까지만 해도 알록달록하고 하늘하늘한 이 옷은 얼마나 매혹적이었던가. 하지만 지금은 걸레짝처럼 축 늘어진 채 어머니의 무서운 눈길을 피하지 못하고 있다. 옷 사는 데 쓴 그 돈은 저금을 했어야 마땅한데!

— 엘프리데 옐리네크, 『피아노 치는 여자』에서

시간은 흐르고 '우리'는 시간 속에서 소멸되어 가고 있다. 치즈 그릇의 유리덮개 아래, 에리카와 그의 훌륭한 보호막인 어머니가 함께 갇혀 있는 것이다. 이 그릇은 누군가 밖에서 유리그릇을 들어 올려야만 열릴 수 있다.

에리카는 시간과 연령을 초월한 곤충이다. 그녀는 이야깃거리도 없고, 이야깃거리를 만들지도 않는다. 이 곤충은 움찔거리고 기어 다니는 능력을 오래전에 상실했다.

— 엘프리데 옐리네크, 『피아노 치는 여자』에서

29

무의식에 발언권을 부여하라

분열된 자아의
대화

날개 없이도 하늘을 훨훨 날아다니고, 죽은 사람과 거리낌 없이 만나 이야기 나누고, 때로는 생면부지 낯선 이를 만나 마치 오래전부터 알고 있었던 것처럼 친밀하게 대화한다. 그야말로 꿈에도 그리던 사람을 만나 아무런 시간과 비용의 제약 없이 세계 일주를 하고, 서울역에서 지하철 4호선을 탔는데 내려 보니 제주도에 도착해 있으며, 분명히 '나'라고 생각했던 인물이 얼굴은 물론 이름과 성별까지 바뀐 채 낯선 장소를 마치 정든 동네처럼 아무렇지 않게 누비고 다닌다. 머나먼 딴 세상이야기가 아니다. 우리가 저마다 매일 밤 꿈에서 만나는 흔한 이미지들이다. 어떻게 이런 환상적이고 비논리적인 이미지들이 우리의 멀쩡한 의식과 양립 가능할까?

심리학자 카를 구스타프 융은 꿈이야말로 무의식의 메신저라고 보았다. 즉 '무의식'은 논리적 언어로는 설명할 수 없는 갖가지 열망과 감정을 꿈의 형태로 우리의 '의식'에 전달하고 있다는 것이다. 꿈의 아우성에 귀 기울이는 태도야말로 무의식과의 만남을 위한 첫 번째 발걸음이다.

의식이 갖가지 현실적 제약 때문에 억누른 열망들은 무의식의 바다에 차곡차곡 가라앉아 꿈의 퇴적층을 이룬다. 그렇게 짓눌린 우리의 무의식은 의식을 향해 '조공'을 요구한다. 예컨대 당신이 체면이나 성공을 위해 오랫동안 가꿔 온 꿈이나 사랑을 버렸다면, 꿈은 무의식의 어떤 강력한 상징을 통해 '너는 너에게 가장 소중한 것을 이렇게 짓밟았다.'는 메시지를 보낸다. 그것은 때로는 악몽으로, 때로는 낮에 꾸는 백일몽(daydream)의 형태로 나타나 의식의 통제력이 무의식의 창고에 감춰 둔 비밀스러운 감정과 욕망을 일깨운다. 물론 그 과정을 수학적으로 증명할 수는 없다.

무의식의 상징을 읽어 낼 수 있는 힘은 날카로운 수식이 아니라 인문학적 감수성이다. 융은 의식과 무의식을 대립적인 존재로 생각하지 않았다. 오히려 적극적으로 '의식'이 직접 나서서 '무의식'의 심해를 탐험해야만 자신도 깨닫지 못한 내면세계의 비밀에 도달할 수 있다고 보았다. 뿐만 아니라 우리가 이해하고 분석할 수 있는 '의식'과 이해는 물론 포착 자체가 불가능한 '무의식'을 통합하는 것이야말로 인간의 궁극적인 행복일 뿐 아니라 인격의 완성에도 필수적인 과정이라 말한다. 무의식은 낙원처럼 달콤하기만 한 것이 아니다. 무의식을 의식의 친구로 만들기 위해서는 부단한 노력과 아주 조심스러운 접근이 필요하다. 지킬 박사는 무의식이 온갖 끔찍한 폭발물이 저장된 무시무시한 화약고이기도 하다는 사실을 폭로한 최초의 과학자가 아닐까?

"나는 쾌락을 위해 범죄를 저지른 최초의 사람이다." 언제 읽어도 섬뜩한 지킬 박사의 놀라운 고백이다. 지킬은 본래 바른생활 사나이였다. 그는 런던에서 이름난 자선가였고 훌륭한 과학자였으며 유명인사이기도 했다. 한 점의 오류도 없이 오직 도덕적이고 모범적인 방향으로만 뻗어 나갔던 그의 삶에는 감추고 싶은 치명적인 비밀이 있다. 헨리 지킬이 '선의 화신'이라면, 그가 숨기고 있는 또 다른 자아 에드워드 하이드는 '악의 화신'이다.

지킬은 오랜 과학적 실험을 통해 자신의 모든 부정적인 성격을 완전히 분리해 내는 데 성공한다. 본인이 직접 제조한 특수한 약물을 복용하면 고통스러운 변신의 과정을 통해 천하무적의 소시오패스(반사회적 인격장애), 에드워드 하이드로 완전히 탈바꿈하는 것이다. 하이드에게는 죄책감이 없다. 하이드는 아무 죄도 없는 어린아이를 짓밟기도 하고, 걸핏하면 충동적인 범죄를 저지르더니, 급기야 모두의 존경을 받는 국회의원을 살해하기에 이른다. 모범생 지킬이 숨기고 있던 무의식 속 광기의 발로가 하이드였던 것이다. 지킬은 자신의 무의식이 담긴 백일몽을 마침내 실제 상황으로 만들어 버렸다.

지킬 박사의 이 끔찍한 실험의 출발은 본래 인간 본성에 대한 과학적 탐구였다. 지킬은 성공과 명예만을 중시했던 자신의 극단적인 성격을 되돌아보며 인간의 근원적인 이중성을 몸소 체험하게 되었다. 유명해지고 싶고, 남에게 인정받고 싶은 욕심으로 인해 지킬은 자신의 또 다른 본성을 숨겨 온 것이다. 만약 지킬이 건강한 보통 사람처럼 그때그때 스트레스를 풀고, 주변 사람에게 완벽한 겉모습만이 아닌 풀어진 모습, 자연스러운 모습을 보여 주며 살았다면 사태가 이렇게까지 악화

되지 않았을 것이다.

'완벽한 지킬'의 모습을 항상 유지하고 싶었던 그는, 선한 본성과 악한 본성을 각각 두 개의 인격으로 분리시킬 수 있다면 인생의 갈등이 완전히 해소될 거라는 망상에 사로잡힌다. 과학자로서 지킬은 "인간이 궁극적으로 다면적이며 이율배반적인 별개의 인자들이 모여 이루어진 구성체라는 가설"을 내놓는 데 성공하지만, 그 가설을 잘못된 방식으로 활용한다. 그는 억압된 무의식을 효율적으로 활용하려고만 했을 뿐 무의식과의 진정한 대화를 시도하지 않았던 것이다.

하이드의 정체를 어렴풋이 알게 된 지킬의 친구 어터슨 변호사는 지킬 못지않은 바른생활 사나이였지만, 하이드의 끔찍한 악행을 알고 나서는 기이한 호기심에 시달린다. 그는 바로 꿈속에서 하이드의 환영을 본다. 의식이 확실히 깨어 있는 낮에는 어느 정도 통제 가능했던 호기심이 꿈에서는 고삐가 풀려 버린 것이다. "하이드의 실체를 보고 싶다는 바람이 통제 불능의 강한 욕구로 자란 것도 바로 꿈속에서였다."

하이드의 악행이 끔찍한 이유는, 그가 누군가에게 적개심이 있는 것도 아니고 오래 묵은 원한이 있는 것도 아닌데, 즉 아무런 이유 없이 단지 타인을 괴롭히거나 공격하는 순간의

'쾌락' 그 자체를 즐긴다는 점이다. 하이드는 소시오패스의 가장 전형적인 특징인 '자비심도 죄책감도 양심도 없는 상태'의 무차별적 공격성을 구현한다. 자비심이라고는 손톱만큼도 없는 자가 하이드였고, 어터슨은 그런 하이드에게 의문을 품게 된다. 타인의 그림자에 의문을 품는 순간, 우리는 무의식의 세계에 입문하게 된다.

어느 밤, 평화로이 헨리 지킬로 잠들었던 그는 깨어나 보니 약을 먹지 않았는데도 하이드로 변해 버린 자신을 발견한다. 하이드의 얼굴을 한 지킬은 절망한다. 그는 의식의 노력, 즉 과학적 실험으로 자기 무의식의 결정체인 하이드를 통제할 수 있다고 믿었다. 그러나 이 통제 불가능성이야말로 무의식의 본질인 것이다. 지킬이 출세가도를 달리면서 우아하게 선행을 베푸는 동안, 하이드는 밤마다 어두운 런던 거리를 누비며 온갖 악행을 저지른다. 그는 이렇게 양극성을 철저히 분리함으로써 후회, 굴욕, 책임감으로부터 벗어날 수 있다고 믿었다.

그는 지킬과 하이드라는 이율배반의 쌍둥이가 한 몸에 붙어 있는 것은 인류의 비극이라고 믿었다. 그러나 융의 생각은 이와 정반대다. 바로 그 인간의 양극성, 화해할 수 없는 분열된 자아를 서로 대화하게 만들고 서로를 온전히 받아들이게 하는 것이 구원의 길이라 믿었다.

지킬은 무의식과의 접촉에는 성공했지만 무의식과의 화해, 통합, 그로 인한 치유와 성찰에는 이르지 못했다. 지킬은 의식과 무의식의 선명한 분리를 추구했지만, 만약 융 박사가 지킬의 주치의였다면 이렇게 말하지 않았을까? 당신의 하이드, 당신의 그림자, 당신의 무의식을 방치하거나 배제하거나 다락방에 숨겨 두지 말기를. '꿈'을 통해, 때로는 대낮의 얼토당토않은 몽상을 통해, 알 수 없는 신경증과 강박증을 통해 당신의 의식에게 기꺼이 말을 걸고 싶어 하는 무의식에게 발언권을 주기를. 의식과 무의식의 대화와 갈등, 협상과 통합을 통해 우리는 더 깊고 너른 자아의 우주에 다다를 수 있기에.

"나는 이제 이 두 가지 자아 중에서 하나를 선택해야 하는 지점에 도달한 듯했네. 나의 두 성격은 공통의 기억을 가지고 있지만, 다른 면에서는 그들 사이가 불공평했네. (……) 하이드에 대한 지킬의 관심은 자식에 대한 아버지의 흥미 이상이었네. 지킬에 대한 하이드의 무관심은 아버지에 대한 아들의 무관심 이상이었고. 내가 지킬과 운명을 함께한다는 것은 오랫동안 몰래 즐겨 왔고, 최근에는 내놓고 용인하던 흥미를 다 포기해야 한다는 것을 의미했네. 반면 내가 하이드와 운명을 같이한다면 수천 가지 흥미와 희망을 포기하고 단번에, 그리고 영원히, 타인들의 경멸의 대상이 되고 친구를 잃는 선택이 될 것이었지. (……) 거의 동일한 유혹과 경고가 벌벌 떨면서도 유혹을 떨치지 못하는 죄인들에게 계속 주어져 왔네. 그리고 나 역시 많은 동료 인간들처럼 선한 쪽을 택했지만 그것을 지속할 힘은 부족했네."

—로버트 루이스 스티븐슨,
『지킬 박사와 하이드 씨의 기이한 이야기』에서

당신의 그림자, 당신의 무의식을 방치하거나
배제하거나 다락방에 숨겨 두지 말기를. '꿈'을 통해,
때로는 대낮의 얼토당토않은 몽상을 통해, 알 수 없는
신경증과 강박증을 통해, 당신의 의식에게 기꺼이
말을 걸고 싶어 하는 무의식에게 발언권을 주기를.

몸으로 행동해야만 삶이 바뀐다

내 안의 '아니무스'
긍정하기

'상남자'나 '천생 여자'라는 표현은 남자와 여자를 각자의 성적 굴레 안에 가두어 놓는 표현이다. 완전한 여성성만을 가진 사람도 없고, 지독한 남성성으로만 무장한 사람도 없다. 우리가 타인에게 독특한 매력을 느낄 때는 여성 속에서 뜻밖의 남성성을 발견할 때, 또는 남성 속에서 뜻밖의 여성성을 발견할 때다.

카를 구스타프 융은 남성 안의 여성적 무의식을 '아니마 (anima)'라 명명하고 여성 안의 남성적 무의식을 '아니무스 (animus)'라 명명하며, 남녀가 서로 그 반대편의 무의식을 조화롭게 공유할 때 내적으로 성장할 수 있다고 보았다. 그러므로 남성에게 스포츠나 전쟁에 대한 관심만을 유도하고, 여성에게 살림이나 미용만을 강요하는 세상은 남성의 아니마와 여성의 아니무스를 억압하는 굴레인 셈이다. 21세기에도 남자아이에게는 로봇과 '파란 유모차'를, 여자아이에게는 금발미인 인형과 '분홍색 원피스'를 권유하는 사회적 분위기가 바로 이 아니마와 아니무스를 짓누르는 사회의 집단적 보수성인 것이다.

나는 패니 플래그(1944~)의 소설 『프라이드 그린 토마토』를 보면서 '내 안의 아니무스'가 서서히 깨어나는 것을 느꼈다. 나 또한 '여성이기 때문에' 사회적으로 틀 지어진 가치들을 수없이 내면화했다는 걸 뒤늦게 깨달은 것이다. 어린 시절에는 '인형의 집'이 갖고 싶어 발을 동동 굴렀고, 인형처럼 예쁜 얼굴을 가진 소녀들을 부러워하기도 했다. 하지만 내심 더욱 부러운 것은 아무렇게나 동가식서가숙하며 세계여행을 다녀도 좋은 남자들의 자유였다. 남자들은 애써 싸우지도 않고 그런 자유를 얻다니! 우리는 집을 나가 독립하는 것도, 배낭여행 한 번 가는 것도, 심지어 늦은 밤에 혼자 택시를 타는 것마저 모두 힘든 투쟁이고 두려운 모험인데. 남자로 태어났다면 내가 조심해야 하는 모든 것들, 조마조마해야 하는 모든 문제들이 일시에 해결되지 않을까.

하지만 여성의 억압된 아니무스는 그렇게 단순한 것은 아니다. 아니무스에도 스펙트럼이 있다. 여성에게 억압된 남성성인 아니무스가 아주 긍정적인 측면으로 발휘되었을 때는 좀더 결단력 있고, 과감하며, 추진력 있는 쪽으로 발전해 갈 수 있다. 하지만 여성의 아니무스가 부정적으로 발휘되었을 때는, 오히려 일부 남성들 못지않게 폭력적이고 권위적이며 권력 지향적인 모습으로 돌변할 수도 있다.

『프라이드 그린 토마토』는 내게 아니무스가 가장 이상적으로 발현된 유토피아처럼 다가왔다. 소설의 시작 부분에서 에벌린은 아니무스, 그러니까 결단력이나 추진력과는 전혀 거리가 먼 인물로 나온다. 에벌린은 인생에서 한 번도 진정한 주도권을 가져 본 적이 없는 여인이었다. 행실 나쁜 여자라는 소리를 들을까 봐 순결을 지켰고, 노처녀 소리를 듣지 않으려 결혼했으며, 불감증이라는 말을 듣지 않기 위해 오르가슴을 연기하기까지 했다. 아이를 낳은 것도 '아이를 낳지 못하는 여자'라는 말을 듣지 않기 위해서였다. 괴짜라는 말을 듣지 않기 위해 페미니스트가 되지 않았고, 나쁜 년 소리를 들을까 봐 남편에게 바가지 한 번 긁지 않았다. 그런 에벌린의 유일한 위안은 사탕과 초콜릿이었다. 그러다 보니 몸은 점점 무거워지고, 자신감은 점점 떨어지고, '세상과 나'를 잇는 끈들은 점점 사라져 가는 느낌이었다.

바로 그런 출구 없는 절망에 빠져 있을 때, 에벌린은 양로원에 문병을 갔다가 팔십 대 노부인 니니를 만난다. 니니는 처음에 '결코 끝날 것 같지 않은 밑도 끝도 없는 수다'로 에벌린을 당황스럽게 한다. 니니는 자신의 인생에서 가장 중요한 두 사람의 이야기를 들려준다. 백인과 흑인이 한 레스토랑에서 식사조차 할 수 없었던 1920년대 미국의 남부. 아마존의 여전사처럼 용맹스러운 이지 드레드구드는 누구에게나 차별 없이 사랑을 베푸는 살아 있는 천사 같은 루스와 함께 '휘슬 스탑 카페'를 운영했다. '프라이드 그린 토마토'처럼 당시 사람들에게는 그저 평범한 요리를 파는 소박한 카페였지만, 그곳은 상처받은 사람들의 유일한 안식처였고, 인종차별도 남녀차별도 없는 지상의 작은 유토피아였다.

그들이 합심하여 '휘슬 스탑 카페'를 열기까지 얼마나 많은 우여곡절이 있었는지를, 마치 호랑이 담배 피우던 시절의 옛이야기처럼 구성지고 맛깔나게 엮어 내는 니니의 모습에 에블린은 점점 빠져든다. 에블린은 선머슴 같은 이지와 천상에서 내려온 선녀 같은 루스가 서로의 못 말리는 차이를 극복하며 진정한 사랑의 의미를 찾아 가는 이야기를 들으며, 지금까지 자신은 한 번도 가져 보지 못했던 용기를 내 본다. 그러면서 니니 할머니의 조언에 따라 직업도 가져 보고, 용감하게 사회생활도 해보며, 무력하게 남편이 집에 돌아오기만을 기다리는 아내로서의 우울을 떨쳐 버린다.

이지와 루스의 이야기는 힘든 일이 있을 때마다 오직 '기도하는 것'에서 위로를 찾았던, 연약하다 못해 수동적인 루스가 무슨 일이든 반드시 자기 힘으로 해내는 용감무쌍한 이지를 통해 '잃어버린 아니무스'를 찾는 이야기이기도 하다. 또한 사랑하는 오빠 버디가 열차 사고로 죽은 뒤 세상을 향한 마음의 문을 완전히 닫아 버린 이지가 어떤 상황에서도 사랑과 자비를 잃지 않는 루스를 통해 '잃어버린 아니마'를 찾는 이야기이기도 하다.

루스는 타인을 향한 마음의 문을 닫아 버린 이지에게 '사랑하는 오빠 버디'를 잃어버린 것은 이지 혼자만이 아님을 일깨워 준다. 오랜 시간이 흘러도 가족은 물론 마을 사람들 모두가 버디를 그리워한다는 것, 그리고 오빠가 죽은 뒤 마음을 잡지 못하고 길 잃은 야생마처럼 어디에도 정착하지 못하는 이지를 마을 사람들 모두가 걱정한다는 것을 일깨워 준다. 그렇게 루스는 '타인을 향한 무한한 배려와 존중'이라는 아니마의 본질을 선머슴 이지에게서 이끌어 낸다.

한편 남편에게 구타당해도, 어머니가 피를 토하며 '차라리 나를 죽여 다오.'라고 말하는 순간에도 그저 '이 모든 것을 견딜 수 있는 힘을 주셔서 감사하다.'며 기도만 했던 루스에게, 이지는 '오직 몸으로 행동해야만 삶은 바뀔 수 있다.'는 아니무스의 본질을 일깨워 준다. 아무리 힘든 일이 있어도 그저 무력하게 기도만 하던 루스는 이지를 통해 '행동의 힘'을 깨닫게 되고, 주변 사람들이 힘들어하든 말든 오직 자기 갈 길만 굳세게 가던 이지는 루스를 통해 '사랑의 힘'을 깨닫는다. 이지는 루스로 인해 '사려 깊은 사랑'을 배우고, 루스는 이지를 통해 때로는 묻지도 따지지도 않고 '오직 돌진해야 할 때'가 있음을 배운다.

작가 페니 플래그가 직접 참여하여 원작소설을 각색한 영화 「프라이드 그린 토마토」에서는 이지가 자기 안의 아니무스를 끌어낼 때마다 '투완다!'라는 주문을 외운다. 여성들에게 조신할 것을, 요조숙녀가 될 것을, 그저 얌전하게 누군가의 조력자가 될 것을 요구하던 시대에 이지는 아마존의 여전사 '투완다'의 이름을 외치며 용기를 내 자기 안의 아니무스를 끌어

냈다. 에블린 역할을 맡았던 캐시 베이츠가 자신의 외모와 자신 없는 행동을 비웃으며 주차 자리를 빼앗아 간 여자들의 자동차를 몇 번이나 들이받으며 "투완다!"라 외치는 장면은 언제 봐도 통쾌한 명장면이다. 평생 부모의 그림자, 남편의 그림자, 자식의 그림자로만 살아왔던 한 여자가 자기 안의 강력한 아니무스를 발견하는, 진정한 깨어남의 순간이기 때문이다.

나는 요즘도 뭔가 일이 풀리지 않을 때, 초인적인 용기가 필요할 때마다 『프라이드 그린 토마토』의 이지라면 어떻게 할까 생각해 본다. 너무 여기저기 배려하느라 아무에게도 거절할 수 없다면 내 안의 "투완다"를 불러 보는 건 어떨까? 아마존의 여전사 투완다처럼, 『프라이드 그린 토마토』의 이지처럼 더 이상 고민하지 말고, 더 이상 주저하지 말고, 오직 떨쳐 일어나 돌진해야만 할 때가 있으니.

오늘 '내 인생의 핵심 트라우마'가 무엇인지 종이 위에 한번 써 보자. 결코 쉽지 않다. 나를 가장 아픈 방향으로 찌르는 트라우마를 글로 쓰는 것은 바늘로 심장을 찌르듯 쓰라린 고통이다. 하지만 꼭 한 번은 짚고 넘어가야 할 문제다. 그 트라우마가 내 성격, 결정, 진로, 연애, 인간관계 등에 어떤 영향을 미쳤는지도 함께 써 보자. 당신을 가장 괴롭혀 왔던 바로 그 트라우마가 당신의 부정적 성격을 만든 '주범'이라는 것을 인식하면서, 동시에 그 트라우마를 극복하기 위해 애써 왔던 자신의 '노력'도 글로 써 보자. 그 극복과 견딤의 여정을 반추해 보는 것만으로도 우리의 핵심 트라우마는 이미 치유되기 시작할 것이다.

당신을 가장 괴롭히는 바로 그 트라우마가 우리의 심리적 유전자를 결정하는 '밑그림'이 될 수는 있지만, 결코 완성작은 될 수 없다. 트라우마가 밑그림을 그리는 연필이 될 수는 있지만 그림 전체를 좌지우지하는 구도나 색채가 되지 않도록 끝끝내 막아 내는 것, 그것이 자기 치유의 노력이고 더 나은 삶을 살려는 우리의 끈질긴 자유의지이니까.

"나는 그렇게 돌아올 수 있는 용기를 가진 루스에게
감탄했어요. 요즘과 달리 그 시절에는 정말 용기가
필요한 일이었거든요. 그 당시엔 결혼을 하면 끝까지
결혼 생활을 유지해야 했어요. 하지만 루스는
사람들이 알던 것보다 훨씬 강했어요. 다들 루스를
늘 도자기 인형 다루듯 했는데, 실은 여러 면에서
이지보다도 강했던 거예요."

— 페니 플래그, 『프라이드 그린 토마토』에서

늘 괜찮다 말하는 당신에게

1판 1쇄 펴냄 2017년 11월 20일
1판 10쇄 펴냄 2022년 6월 14일

지은이 정여울
발행인 박근섭·박상준
편집인 양희정
펴낸곳 (주)민음사

출판등록 1966. 5. 19. 제16-490호
주소 (우편번호 06027) 서울특별시 강남구 도산대로1길 62(신사동)
　　　강남출판문화센터 5층
대표전화 02-515-2000 | 팩시밀리 02-515-2007
홈페이지 www.minumsa.com

ISBN 978-89-374-3484-6 (03100)

* 잘못 만들어진 책은 구입처에서 교환해 드립니다.